"玩"出博雅：
创新型人才培养的小学实践

尹超 等◎著

北京大学出版社
PEKING UNIVERSITY PRESS

图书在版编目(CIP)数据

"玩"出博雅：创新型人才培养的小学实践 / 尹超等著 . — 北京：北京大学出版社，2021.9

ISBN 978-7-301-32505-6

Ⅰ.①玩… Ⅱ.①尹… Ⅲ.①小学教师—师资培养—研究 Ⅳ.①G625.1

中国版本图书馆 CIP 数据核字（2021）第 184196 号

书　　　名	"玩"出博雅：创新型人才培养的小学实践
	"WAN" CHU BOYA: CHUANGXINXING RENCAI PEIYANG DE XIAOXUE SHIJIAN
著作责任者	尹　超　等著
责 任 编 辑	刘清愔　于　娜　郭　莉
标 准 书 号	ISBN 978-7-301-32505-6
出 版 发 行	北京大学出版社
地　　　址	北京市海淀区成府路 205 号　100871
网　　　址	http://www.pup.cn　新浪微博：@ 北京大学出版社
电 子 信 箱	zyl@pup.pku.edu.cn
电　　　话	邮购部 010-62752015　发行部 010-62750672
	编辑部 010-62750539
印 刷 者	北京虎彩文化传播有限公司
经 销 者	新华书店
	730 毫米 ×980 毫米　16 开本　17.5 印张　208 千字
	2021 年 9 月第 1 版　2021 年 9 月第 1 次印刷
定　　　价	78.00 元

未经许可，不得以任何方式复制或抄袭本书之部分或全部内容。
版权所有，侵权必究
举报电话：010-62752024 电子信箱：fd@pup.pku.edu.cn
图书如有印装质量问题，请与出版部联系，电话：010-62756370

目 录

第一章 创新型人才培养的小学使命 ... 1

第一节 国家创新型人才培养战略 ... 3
一、建设创新型国家 ... 3
二、培养创新型人才 ... 4

第二节 创新和创新型人才的内涵 ... 6
一、创新的内涵 ... 6
二、创新型人才的素养 ... 8

第三节 小学创新型人才培养的落脚点 ... 12
一、创新教育评价方式 ... 13
二、创新课程内容体系 ... 13
三、创新课堂教学范式 ... 14
四、创新校园文化环境 ... 15

第二章 以评价引领学校创新教育 ... 17

第一节 "以人为本"的办学理念 ... 19
一、办学理念在历史中孕育发展 ... 19
二、"以人为本"是对个体生命的尊重 ... 20
三、"爱与自由"是创新型人才培养的沃土 ... 21

第二节　学校创新教育的历史发展 22
一、实践起步期（1982—1990） 23
二、实践探索期（1991—2000） 24
三、创新拓展期（2001—2007） 24
四、创新发展期（2008年至今） 26

第三节　以评价推进创新型人才培养的发展方略 29
一、成长性评价的内涵 29
二、创新型人才培养体系 32

第三章　创新广博的学校课程体系 35

第一节　生命发展的思想内涵 38
一、"生命教育"理论 38
二、生命发展课程的育人理念 41

第二节　生命发展课程体系 43
一、生命发展课程的具体内涵 43
二、生命发展课程的基本结构 47
三、生命发展课程的实施方法 51
四、生命发展课程的管理与评价 60
五、生命发展课程的创新特色 63

第三节　百花齐放的精品课程 67
一、趣味经济学 67
二、碰碰植物 68

三、智能机器人 69

四、北大文化 71

五、国际理解 71

六、戏剧英语 72

七、京剧 73

八、剪纸 75

九、版画 77

十、视觉思维课程 78

十一、中国画 85

十二、舞蹈 87

十三、合唱 88

第四章 创新型人才培养的教学范式 91

第一节 立足创新思维培养的教学范式 93

一、思维培养的教学范式 93

二、学玩合一的教育思想 94

三、情志交融的生命华章 95

第二节 "研—融—创"一体的教学体系 96

一、"研—融—创"三者之间的关系 96

二、关于"研"的阐释 97

三、关于"融"的阐释 119

四、关于"创"的阐释 128

第三节　多元异质的教师团队 132
一、崇尚自由，建设民主开放的教师研究氛围 132
二、尊重多元，打造多元异质的教师教学团队 134
三、尊崇包容，构建个性显著的教师尖兵队伍 134

第五章　学玩合一的创新实践路径 137
第一节　独具特色的实践基地 140
一、杨辛美育馆 140
二、"北大少年行"研学实践基地 143
三、校园里的种植实践基地 145
四、迷你天文馆 150
五、学森智慧小屋 152
六、创客空间 155

第二节　个性绽放的发展舞台 156
一、艺术进校：提升素养，锻炼意志，纯净校园风气 157
二、玩学舞台：发展个人特长，张扬自主创新，促进学生全面发展 ... 159
三、创新实践：完善道德，传递思想，塑造人格品质 160

第三节　异彩纷呈的品牌活动 171
一、"燕园芳菲"艺术节：面向人人 171
二、小脚走天下：丈量世界 173
三、校园交谊舞：守正出新 176
四、戏剧文化节：含英咀华 179

五、年度科技节：引领未来 183
   六、全员运动会：突破自我 183

第六章 "以玩育雅"的创新文化 **187**
第一节 爱与自由的精神文化 190
   一、玩中学，学中玩 192
   二、自由平等，包容开放 194
   三、开明开化，气韵生动 196

第二节 古朴典雅的环境文化 198
   一、大北大，小燕园 199
   二、十二景观，文化长廊 201
   三、文化标识，灰红相映 208

第三节 以情动人的管理文化 212
   一、和谐卓越的集体人格 212
   二、以人为本的管理理念 214
   三、精准助力教师专业发展 217
   四、情理智中的激励机制 226

第七章 以人为本的博雅述评体系 **239**
第一节 尊重生命成长的博雅述评体系 242
   一、学校的育人价值观 243
   二、让每个孩子感受到"被看见"的尊重 244

三、用科学评价引领教师专业成长……………………………245

　　四、学生学业述评探索………………………………………247

第二节　激励创新的述评实践…………………………………255

　　一、三级评价的指标体系……………………………………257

　　二、着眼创新的评价工具……………………………………260

　　三、关注成长的评价方法……………………………………263

参考文献………………………………………………………………267

第一章
创新型人才培养的小学使命

第一节　国家创新型人才培养战略

一、建设创新型国家

在建设中国特色社会主义的伟大实践中，党和国家始终把科技创新作为关系社会主义现代化建设全局的根本问题。1977年，邓小平在科学和教育工作座谈会上提出："我们国家要赶上世界先进水平，从何着手呢？我想，要从科学和教育着手"，"不抓科学、教育，四个现代化就没有希望，就成为一句空话"，明确把科教发展作为发展经济、建设现代化强国的先导，摆在中国发展战略的首位。1995年，中共中央、国务院颁布《关于加速科学技术进步的决定》，首次正式提出：中国将坚定不移实施科教兴国战略。在同年召开的全国科学技术大会上，江泽民指出："科教兴国，是指全面落实科学技术是第一生产力的思想，坚持教育为本，把科技和教育摆在经济、社会发展的重要位置，增强国家的科技实力及向现实生产力转化的能力，提高全民族的科技文化素质……"

党的十八大明确提出："科技创新是提高社会生产力和综合国力的战略支撑，必须摆在国家发展全局的核心位置。"强调要坚持走中国特色自主创新道路、实施创新驱动发展战略。2015年3月，中共中央、国务院发布《关于深化体制机制改革加快实施创新驱动发展战略的若干意见》，提出要为创新营造良好的社会环境。2016年5月，中共中央、国务院发布《国家创新驱动发展战略纲要》，为加快实施国家创新驱动发展战略作出部署，明确2020年进入创新型国家行列，到2030年跻身创新型国家前列，到2050年建成世界科技创新强国的三步走战略目标。2021年通过的《中华人民共和国国民经济和社会发展第十四个五年规划和2035年远景目标纲要》指出，坚持创新在我国现代化建设全局中的核心地位，2035年，我国将基本实现社会主义现代化，关键核心技术实现重大突破，进入创新型国家前列。

当今世界正经历"百年未有之大变局"，科技革命和产业变革快速推进，国际竞争不断加剧。从科教兴国战略到创新驱动发展战略，从全面建设小康社会到"十四五"高质量发展目标，科技进步、自主创新的作用日显重要。以创新谋发展，以创新谋未来，只有不断创新、成为拥有科技创新优势和主导权的国家，才能在日益激烈的国际竞争中立于不败之地，才能完成产业转型和产业升级，实现高质量发展，满足人民群众对美好生活的需要，实现中华民族的伟大复兴。

二、培养创新型人才

创新是第一动力，人才是第一资源，国家对创新型人才的需求比以往任何时候都更加紧迫。2002年，中共中央、国务院下发《2002—2005年全国人才队伍建设规划纲要》，提出"实施人才强国战略"。人才强国战略与科教兴国战略关联密切，二者相辅相成：科教兴国就是要培养更多能够适应经济社会发展需要、具有国际竞争力的人才；人才强国战略是创新驱动发展战略的前提，没有人才驱动就无法推进创新驱动、掌握科技创新的主导权、解决我国经济社会发展中人才队伍的结构性矛盾。《中华人民共和国国民经济和社会发展第十四个五年规划和2035年远景目标纲要》指出：2035年我国建成教育强国，要深化人才发展体制机制改革，全方位造就更多国际一流的科研领军人才和创新团队。2021年5月28日，习近平在中国科学院第二十次院士大会、中国工程院第十五次院士大会、中国科协第十次全国代表大会上的讲话指出："要更加重视人才自主培养，更加重视科学精神、创新能力、批判性思维的培养培育。要更加重视青年人才培养，努力造就一批具有世界影响力的顶尖科技人才，稳定支持一批创新团队，培养更多高素质技术技能人才、能工巧匠、大国工匠。"

深入实施人才强国战略、培养创新型人才，对基础教育阶段的人才培养提出了要求。培养学生的创新精神和创新能力是实施素质教育的重点。2014年教育部印发《关于全面深化课程改革 落实立德树人根本任务的意见》，提出"教育部将组织研究提出各学段学生发展核心素养体系，明确学生应具备的适应终身发展和社会发展需要的必备品格和关键能力，突出强调个人修养、社会关爱、家国情怀，更加注重自主发展、合作参与、创新实践"。2016年《中国学生发展核心素养》正式发布，提出中国学生发展核心素养综合表现为：人文底蕴、科学精神、学会学习、健康生活、责任担当和实践创新。

建设世界科技强国，需要以人才为先，培养创新型人才，教育要先行。我国在未来将继续推进教育改革，健全人才培养模式，培育大量高素质创新型人才，汇聚起科技创新的磅礴力量，为建设创新型国家提供强劲动力。

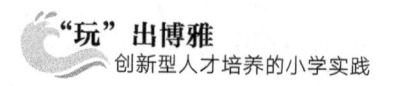

第二节 创新和创新型人才的内涵

一、创新的内涵

讨论创新型人才的培养，必须明确创新的含义。"创新"一词有动词和名词两种属性。在《现代汉语词典》中，"创新"指"抛开旧的，创造新的"（动词）、"创造性，创意"（名词）。美国《创新杂志》给"创新"所下的定义是运用已有的知识想出新办法、建立新工艺、创造新产品。"创新"的含义十分丰富，通过以下几点，可以更好地理解创新的内涵。

1. 创新既是认知的，也是非认知的

对创新和创造力的研究，始于第二次世界大战之后。创新研究的一个重要观点是创造力源于人的内在，来自认知、情感和目的之间的动态互动。毫无疑问，创新需要以个体认知的发展为基础，但情感、意志等非认知因素同样是影响创新的重要因素。情感指的是主观感受状态，可以表示持续的情绪，如愉快或抑郁，或者更具体的情绪，如愤怒或恐惧等。具体而言，研究结果表明，快乐、愉快和愤怒的情绪，以及无聊的状态都可能会促进创造力，而平静、放松或悲伤对创造力则几乎没有影响。对焦虑、苦恼和恐惧情绪的研究结果不太一致。尽管恐惧情绪与创造力的降低有关，但在一定条件下，诱发恐惧情绪会导致一部分人更高水平的创造力。

此外，创新与动机密切相关，动机取向决定了在特定情况下能够做什么和实际将要做什么。缺乏正确的动机，就不可能产生创新。研究表明，内在动机对创新是必要的，而外在动机是有害的。事实上，随着外部激励的增加，内在动机和随之而来的创造力就会降低。当内在动机较强时，外在动机可以在某些特定的情况下与内在动机结合起来促进创新。而当外在动机较强时，内在动机和创造力之间呈现负相关的关系。

2. 创新既是个人的，也是团队的

创新和创造可以发生在个人、团队、组织等单独的层面上，也可以同时发生在多个层面上，包括家庭、学校、工作单位、社区、地区、国家等。也就是说，创新被认为是具有高度协作性的。国际学习科学研究专家约翰·布朗（John Brown）指出，创新常常并不是个人天赋的产物，而是源自于一个团队满足某种需求的即兴过程。当团队由高度协作的个人组成时，他们往往能够更好地将复杂的想法转化为成果和产品。在协作的过程中，若个体能够对他人提出的想法进行阐述和评估，增加与他人合作和协作的意愿，就增加了创新的可能。

具体来说，沟通、信息共享、信任、心理安全和协作被确定为促进团队创造性工作的重要机制。卡特穆尔（Catmull）将智囊团的环境描述为一种相互信任和心理安全的环境，在这种环境中，每个成员都可以分享想法并提出建设性的批评，而其他成员不会贬低它们或采取防御措施。因此，在进行团队合作时，需创建由具有不同知识、经验和专业技能的成员组成的团队，让个体之间有效地协作、交流与合作，并恰当地处理任务冲突，以促进创新。在团队中工作的个体不仅应该具有高度的创造力，而且应该愿意与他人合作，以完成创造性任务。

3. 创新也受社会文化的影响

美国人类学家格尔茨（Geertz）认为文化是一种体现在符号中的历史传递的意义模式，一种以符号形式表达的继承观念系统，人们通过这种系统交流、延续和发展他们对生活的认识和态度。文化在人类生活中无处不在，并深刻影响了每个人的日常行为模式。创新发生在"人和文化环境之间"，而不仅仅是个体头脑内部过程，这一观点建立在维果茨基（Vygotsky）等人早期的论述之上。维果茨基认为创新是一种社会活动，杜威（Dewey）把创新作为物质和符号性的行动来研究，迈克尔·巴赫金（Michael Bakhtin）指出了创新过程的对话性。社会文化观点的基本立场是，创新的过程不是仅发生在个人和心理层面上的，而是分布在人、物、地之中的。从这个角度来看，创新在本质上是文化性的，因为它通过使用符号和工具来调节。创新作为一个过程，是使用各种想法、符号、物品、价值观等创造有助于文化本身的新的和有意义的人工制品。

创造力的社会文化框架的一个例子是格莱韦努（Glăveanu）提出的 5A 框架。五个 A 包括进行创作的行动者（actor）、大众（audience）、行动（action）、工艺（artifact），以及环境可供性（affordance）。这五个 A 之间是动态联系的，其特定组织反映了特定群体、情境或时间点的文化信仰、价值观和规范，而文化并不作为独立的元素存在，而是塑造了这五个 A 相互作用的方式，以产生创造性的成果。

二、创新型人才的素养

《辞海》对"人才"的解释是"有才识学问的人，德才兼备的人"。创新型人才，是指人才中的有创新能力的人。那么，一个创新型人才应当具备什么样的品质？也就是说，是什么让一个人有创造力？为什么有些人能够产生新的想法，而有些人却不能？这需要我们进一步梳理关于创新型人才素养的研究和论述。

关于创新型人才的内涵，国内外学者说法不一。钟秉林认为，创新型人才就是具有创新意识、创新精神、创新能力，并且能够取得创新成果的人才。[①] 顾明远认为，创新型人才应具有某一领域的专门知识和技能、理性精神、广博的基础文明教养、有效的自我表达能力、自我延伸的能力、自由与责任的意识和能力。[②] 赵传江认为，创新型人才应具备创新德行、创新欲望、创新精神、创新情绪。[③] 陈军华和李心认为，创新型人才往往具有以下特质：很强的好奇心和求知欲望；很强的自我学习与探索的能力；在某一领域或某一方面广博而扎实的知识，较高的专业水平；良好的道德修养，能够与他人合作或共处；健康的体魄和良好的心理素质，能承担艰苦的工作。[④] 魏发辰和颜吾佴从三个层面概括创新能力的构成：一般专业人才所具有的知识和技能，包括必要的知识储备、逻辑思考能力和相应的操作技能；创新品质和创新精神等非智力因素，包括世界观、人生观和价值观，问题与风险意识，批判与挑战精神，克服困难的勇气、恒心和毅力

---

① 钟秉林. 国际视野中的创新型人才培养 [J]. 中国高等教育，2007(3): 37-40.
② 顾明远. 挑战与应答：世纪之交的中国教育变革 [M]. 福州：福建教育出版社，2001: 182.
③ 赵传江. 创新型人才的个性特点探析 [J]. 教育理论与实践，2002(9): 16-17.
④ 陈军华，李心. 创新型人才主体特质及培养环境设计 [J]. 科学管理研究，2013(4): 101-104.

等；创新意识的修炼和相关创新知识、创新方法和创新技能的训练，这个层面是区分创新型人才同一般专业人才的关键。[1] 梁拴荣和贾宏燕梳理了现有的十几种创新型人才概念，提出创新型人才的内涵：极少数能以其"博专兼具"的知识和经验、超强的创新能力、创造性思维以及创新和自由发展的个性为社会和人类做出持续而巨大贡献的人才。[2]

在国际上，创造力研究经历了不同的阶段。在早期，研究者将创造力当作智力的副产品，其后研究兴趣转向个性和卓越创造者，再到强调认知和社会的视角，再到当前注重社会文化、跨学科方法。经典的创造力理论包括吉尔福特（Guilford）的智力三维结构模型，他认为智力是由操作、内容和结果所构成的三维结构。从这一结构出发，逐渐概括出了创造力构成的两大指标，即创造性人格和创造性思维。他提出"发散思维"和"收敛思维"是创造性思维的两个重要的思维过程。温纳（Winner）认为，一个人在某个领域实现高水平创新，首先要有获得专业知识和技能的愿望。阿玛比尔（Amabile）提出创造力的组件模型，认为创造力由三部分相互作用而成：一是领域相关技能，即技术技能和具体知识；二是创造力相关过程，例如容忍模糊性和愿意承担适当的风险；三是内在动机。斯滕伯格（Sternberg）提出创造力投资理论，认为创造力包括六个不同的组成部分，即动机、智力、知识、个性、思维方式和环境。他认为一个有创造力的人应具备内在动机，有相关的认知优势和适当的领域知识，对经验开放，有

---

[1] 魏发辰，颜吾佴. 创新型人才的能力构成及其修炼［J］. 北京交通大学学报：社会科学版，2008(1)：79-83.
[2] 梁拴荣，贾宏燕. 创新型人才概念内涵新探［J］. 生产力研究，2011(10)：23-26.

创造性的思维风格，并在一个培养性的或宽容的环境中成长。阿玛贝尔和斯滕伯格理论模型的一个共同点是内在动机必不可少，此外除了个体内部因素，还强调了环境的影响。

结合中外学者对创新型人才特征的研究，可以发现，国内学者更多从创新型人才的能力和品格上进行概括，而国外的研究更多是对具体如何培养创新型人才提供思考。但在创新型人才特性的某些方面是有共识的，比如创新型人才必须拥有扎实的知识基础、求新的意识、超越的心态、探究的个性、坚毅的品格等。

除了以上的创新型人才必备品质，创新型人才的内涵也是随着时代的发展而不断丰富和发展的。2018年，习近平总书记在全国教育大会上明确提出："要努力构建德智体美劳全面培养的教育体系，形成更高水平的人才培养体系。要把立德树人融入思想道德教育、文化知识教育、社会实践教育各环节，贯穿基础教育、职业教育、高等教育各领域，学科体系、教学体系、教材体系、管理体系要围绕这个目标来设计，教师要围绕这个目标来教，学生要围绕这个目标来学。"2020年，中共中央、国务院印发的《深化新时代教育评价改革总体方案》指出，要改革学生评价，促进德智体美劳全面发展，要坚持以德为先、能力为重、全面发展，坚持面向人人、因材施教、知行合一，坚决改变用分数给学生贴标签的做法，创新德智体美劳过程性评价办法，完善综合素质评价体系，切实引导学生坚定理想信念、厚植爱国主义情怀、加强品德修养、增长知识见识、培养奋斗精神、增强综合素质。因此，新时代的创新型人才是德智体美劳全面发展的人才，是兼备科学素养、人文素养等多种素养的复合型人才，是知识、技能、情感、态度和价值观和谐发展的社会主义建设者和接班人。

第三节 小学创新型人才培养的落脚点

创新型人才培养贯穿从基础教育到高等教育的全过程。小学作为创新型人才培养和启蒙的重要时期，是学生能力形成、习惯养成、品格塑成的关键期。在小学教育阶段打好基础，播下创新的种子，对保障人才强国战略的实施至关重要。

一直以来，传统教育方式对我国的教育产生了深远的影响。在传统的教育教学模式下，同龄的学生被分在同一个教室里，以同样的方式，按同样的程序，教授同样的内容，最后得到相同的答案。这种教育方式在一定的历史条件下，可以提高教学效率，提升教学质量。然而，在这样的安排下，学生几乎没有表达自我、分享观点的机会和自由空间。虽然"新课改"以来，"以学生为中心"的观念得到广泛提倡，但传统教育方式在许多方面并没有实质性的改变。由于过于强调知识和记忆，崇尚竞争，并以应试为主要目的，传统的学校教育不能为学生提供最佳学习环境，也不利于学生创新能力的发展。

教育教学具有复杂性，学校创新型人才的培养不是单纯通过创造力训练就可以达成的，而需要使用系统的、综合的方法，考虑教育的方方面面，以创新教育评价方式为主线，结合创新课程内容体系、创新课堂教学范式，营造出适合创造力形成的校园文化和学习环境。

一、创新教育评价方式

学生在课堂上不断地受到正式或非正式的评价，比如课堂对话、作业、考试等。除教师外，同伴、家长等也是进行教育评价的重要主体。评价的主要目的是为了促进学习，有效的评价可以促进创新。

在教学过程中，教师的积极评价能够激发学生的创新精神，而消极评价会扼杀学生的创新精神。要摒弃"以知识为中心"的消极性、否定性、封闭性等不利于学生创新能力培养的传统评价标准和方式，采用积极的、肯定的、开放的激励学生创新的评价标准和方式。首先，制定激励创新的评价标准，这是创新教育评价的首要任务。其次，积极采用开放式的评价方式。倡导问题的综合性、开放性、多向性，答案的多样性，思维的发散性；采取多元评价标准，在考查评价学生知识记忆的同时，注重考查更高的思维层次——学生灵活地运用知识和经验创造性解决问题的能力；注意从多个角度评价学生，让每个学生都获得成功的体验。再次，坚持以激励性评价方式为主的原则，激励性评价方式能够激发和保护学生的创新精神。最后，坚持多维动态的评价原则，即对学生进行多角度、多方面、多主体的评价，特别是注重对学生发展过程的过程性评价，让每个学生看到自己的进步，享受到成功的喜悦，看到自己创新精神和实践能力的发展潜能，对未来充满希望。

二、创新课程内容体系

课程是创造力培养的重要载体，学校、教师要充分利用各种课程内容资源。一是开发学科课程中蕴含的培养学生创新精神和实践能力的教学内容和教育资源，如挖掘课程中培养学生创新意识、创新精神、创新方法、发散思维、求异思维、求变思维、求新思维、联想力、想象力等方面的静态资源。二是进行各学科的课程整合。一般观点认为，创新只与科学或技术的教育相关，但有关研究表明，创新不单是科学范畴的概念，它与人文学科如文学、哲学、美学等也有着密切的内在联系。应倡导文理交叉、理工融合，重视STEM教育，开展丰富多彩的科技创新活动，发展学生的创造性思维，培养兼具科学、人文知识背景的复合型人才。三是整合校内外课程资源。提倡走出课堂、走出学校，利用丰富的中国传统文化资源，以及社会机构、科技馆、博物馆等资源，作为专业领域或跨专业领域课程内容的一种补充。还可以邀请专业人士（如科学家、工程师、建筑师、作家、历史学家等）进入课堂，引导学生创造力的发展。四是对课程从动态上进行开发，开发课程"核心目标"达成过程中的动态资源，如教育环境的创设、教育方式和学习方式的选择、教学过程的设计、教学方法和教育评价的运用等。由此形成各个教学活动、各学科课程静态和动态的目标、内容、过程、方法、评价的体系，从方向上指明了小学课程开发与实施的核心任务，保证学科课程开发与实施不偏离"培养学生创新精神和实践能力"这一核心目标；从操作层面为教师提供实践应用的方法，逐步构建起以"培养学生创新精神和实践能力"为核心目标的学科课程体系。

三、创新课堂教学范式

课堂教学是创造力培养的重要途径，国内外教育界提倡自主学习、合作学习和探究学习，倡导建立"学思结合、知行统一"和因材施教的教学模式，实施基于问题的学习、基于项目的学习、基于思维的学习等，并通过提出创造性教学理论、训练创造性思维技能、建立英才教育体系等方式，培养学生的创新素质。

教学活动是教师的指导活动和学生的学习活动的有机统一。在整个教学活动中，要创设良好的教学情境，设置适当的问题情境，激发学生的内在学习动机，调动学生学习的积极性，使其产生强烈的求知欲，并保持积极学习的情感与态度。要根据教学目标，联系学生的生活经验和已有知识，设计能够使学生产生认知冲突的"两难情境"，启发学生积极思考。围绕需要解决的问题开展探究，强调师生互动和生生互动，以真实情境中引出的问题为前提，以情感互动为基础，以思维互动为核心，引导学生基于证据和已有知识，通过分析、评估和判断解决问题，重视分析、综合、抽象、概括、比较、分类、推理等方法的应用，在自主探究和合作交流过程中有效培养学生的高阶思维能力。引导学生对学习内容、学习方法、经验教训等进行评价、总结与反思。发展学生的批判性思维能力，提高学生分析问题和解决问题的能力，使学生能够将所学知识迁移到日常生活、本学科及其他学科中去，形成求异、求变、求新、求优的创新思维和实践能力。

四、创新校园文化环境

影响学生创新素质发展的环境可以分成两个维度：一是物质与认知维度，二是文化与非认知维度。物质与认知维度主要指学校能不能给予经费、设施、活动等方面的支持。研究表明，学校和教室的空间设计、装饰等物理特征可以深刻地影响教师和学生的行为、态度和动机取向，从而影响学生创新能力的发展。此外要为学生提供参加各种创新活动、完成各种实践项目的机会，让他们尝试解决各种高认知的、开放性的问题，引导他们自主探究、合作交流、积极思考。文化与非认知维度主要指为学生提供安全、宽松、民主、平等、和谐的社会心理环境，使学生敢于想象、敢于提出问题、敢于挑战权威、敢于突破常规，从而形成创新的人格。心理学家罗杰斯（Rogers）认为，心理的安全和心理的自由是促进创造性的两个重要条件。因此，应为学生创造一种良好的人际氛围，让他们感到自主，并且可以控制自己的学习过程。在学习和活动过程中，学生只有经常得到肯定、赞扬、鼓励、欣赏，才能树立自信和自尊，形成自主、独立的人格特点，产生克服困难的意志。

第二章
以评价引领学校创新教育

第一节 "以人为本"的办学理念

办学理念是一所学校的灵魂。北京大学附属小学（北大附小）作为北京大学的子弟学校，从建校伊始，就一直浸润在北大文化的沃土之中。爱国、进步、民主、科学的思想，不仅影响了北京大学，也影响了近代中国，更在北大附小的历史发展进程中打下深深的烙印。"以人为本"的办学理念是北大附小创新型人才培养的基础。

一、办学理念在历史中孕育发展

20世纪60年代，北京大学党委制定"小学、中学、大学本科、研究生院"四级办学的远景规划，这给北大附小的新发展带来了难得的机遇。这一时期，北大附小以"加强对学生的共产主义教育和道德品质、纪律教育，确保学生共产主义风格逐渐成长，真正成为全面发展的新人"为办学指导思想，重视政治教育，激发爱国主义情感，尤其重视劳动观念和集体主义观念的培养，开展丰富多彩的少先队活动及课外活动。20世纪70年代，"文化大革命"结束后，北大附小逐渐恢复正常教育教学。20世纪80年代，北大附小紧跟改革开放的步伐，提出新的办学理念："教育不仅是为了学生的今天，更是为了学生的明天"。20世纪90年代，北大附小在把握百年发展历史的基础上，提出了"以美育德，文化育人"的理念，强调润物细无声的浸润式培养，将学生的认知、心智成长路径聚焦于情感领域，通过学生情感上的认同来进行道德认知和行为模式的培养。1991年12月11日，燕京大学著名校友、91岁高龄的冰心来到北大附小，为学校的快乐氛围感染，这位崇尚"有了爱就有了一切"的老人为孩子亲笔题词："专心地学习，痛快地游玩"。后来这成为北大附小的校训。

回顾20世纪以来北大附小的发展，其历程光荣而曲折，不管时局动荡还是校址变迁，注重学生的全面发展、终身发展的思想始终蕴含在办学理念之中，成为北大精神润泽下的文化自觉。

在继承并发扬北大附小先进的教育理念和光荣传统的基础上，2002年，北大附小紧跟北京大学"建设世界一流名校"的发展目标，确立了"以人为本，快乐和谐发展"的办学理念。2012年，尹超校长又将办学理念进一步丰富、拓展为"以人为本，让师生在爱与自由中快乐和谐发展"，其中，面向人人，全面发展，是实现师生爱与自由的应有之义。据此，全校形成这样的共识：步入教育的新时代，全体师生正共同前进在一条培养德智体美劳全面且有个性发展的时代新人的教育实践之路上。

二、"以人为本"是对个体生命的尊重

"以人为本"的办学理念就是要让每一个生命都得到绽放。在北大附小西门门口，有一座15吨重的朝霞石。朝霞石的背面，是一轮由石头纹理形似冉冉升起的太阳。在这块石头上，刻着这样一句话："愿孩子们像一粒粒饱满的种子，在阳光、雨露、沃土的滋润下茁壮成长。"这就是北大附小的教育愿景。教育之难，难在针对育人群体，看似有规可依，但针对每一个个体，却又无律可循。好的教育，就是要洞悉这样的千差万别，接

纳、尊重孩子的自然天赋，并遵循成长的规律，为每一个孩子提供适宜的阳光、雨露和沃土，努力让每一个生命得到绽放。

孩子与成人不一样，孩子与孩子也不一样。每一个孩子都是独一无二的，他们都应该获得同样的尊重。尊重每一个孩子，就是要为每一个孩子提供高质量、多样化的教育，精心呵护作为个体生命的每一个孩子的成长，让每一个孩子都成长为最好的自己。我校的育人目标即为："让每一个孩子都得到独具特色的发展，为使之成为健康的、幸福的、有价值的中国公民和世界公民奠基。"

北大附小坚持"以人为本"的办学理念，促进儿童快乐和谐发展。"快乐"，是让全校师生的生活充满朝气，富有精神追求，让大家对自然和生命充满善意，充满敬畏，懂得感恩，追求进步，向往光明，自信而乐观地面对生活中的困难与挫折。"和谐"，是让人与人融洽相处，身与心协调一致，环境与文化、物质与精神互促互补，这是一种状态，是一种氛围，是一个"场"。

三、"爱与自由"是创新型人才培养的沃土

"爱"是什么？"自由"又是什么？爱，如清澈、甘甜的泉水，它滋润着教师，滋润着孩子，滋润着我们的心田。爱，如灿烂、明媚的阳光，照耀着你，照耀着我，照耀我们共同前进的方向。自由，如清新的空气，沁人心脾，让人自由欢畅地呼吸。

以人为本，在爱与自由中快乐和谐发展，就是尊重、理解、欣赏、包容，就是多元、开放、兼容、并蓄，就是敞开学校大门，迎接"八面来

风"，让学校始终处于向上发展的涌动之中。

在"爱与自由"的环境中，对学生的尊重与包容、支持与帮助，流淌在北大附小校园里的每个细节中，也贯穿于北大附小开放、包容、多元的"生命发展课程体系"中。生命发展课程体系建构的目标是"让每个孩子都得到独具特色的发展"。

"为了爱与自由的教育"，是北大附小提出的教育理念，是北大附小的教育理想和教育价值观。在北大精神浸润下的爱与自由，是意义丰富的、深远的。这爱与自由会给孩子、给教师带来什么呢？是成就师生创新的环境、文化的包容、精神的庇护，点亮生命之光。爱与自由，其实就是给师生充分的关爱、呵护、欣赏和信任，让他们在宽松、惬意的环境里专心地学习，痛快地游玩。

第二节　学校创新教育的历史发展

在过去的40年里，全球知识型经济与信息社会高速发展，我们所处的世界彼此联系得比以往任何时候都紧密，思想技术传播、转化为生产力的速度之快，超过历史上任何一个时期。如何不断创新，高效提升国家、人才的核心竞争力，是大到国家、小到个体和组织都要面对、思考的问题。在这个全球化创新社会里，基础教育应着重思考为未来培养怎样的人，怎样去培养，使之能在未来有效地运用所学，理解并参与到日益复杂、多样和关联紧密的世界中去。

北大附小是在北大文化的怀抱中孕育成长起来的，与新中国教育改革发展的轨迹一样，它也在继承中不断创新和发展。回望过去40年，作为北京大学的附属小学，北大附小一直面向未来，坚持办与"世界一流大学"相匹配的附属小学，在创新型人才培养的道路上步履坚定，踏过一个又一个重大的历史发展阶段。不同时期的实践探索，让我们在创新型人才的小学阶段培养方面积累了丰厚的实践基础，并逐渐形成了独特的育人理念。北大附小创新育人体系在实践的沃土里滋长勃发，焕发出盎然的生机。

一、实践起步期（1982—1990）

改革开放初期，百废待兴，北大附小也一样，无论是硬件环境，还是软件设施、教师队伍等各方面，都亟待发生巨大的改变。20世纪80年代初期，北大附小放眼未来，提出办学理念——"教育不仅是为了学生的今天，更是为了学生的明天"，并把"培养学生思维品质"和"人人承担育人任务"作为研究课题，开始了创新型人才培养的初步探索。20世纪80年代中期，北大附小提出"科研兴教强校"举措，课程设置更加丰富，开展了符合学生年龄特点的各种活动。这一时期较有代表性的是从事美育36年的孙菊篱老师开创的一套独特的儿童绘画法，即从整体入手，运用几何图形归纳法，以圆和椭圆为重点，通过修改圆作画，创造出油画棒和水彩烘染相结合的着色法。他所著的《幼儿自学画画》一共11册，全国发行一百多万套。1985年，全校师生共同设计了南极长城站"中国少年纪念标"，这是在南极设立的唯一一个儿童标志。时任全国妇联主席康克清同志特向北大附小学生致亲笔信。在信息化刚刚兴起的20世纪80年代，学校首开程序设计的小学教学实践，并开设BASIC语言的兴趣小组，这样的创举来源于北大附小敏锐的创新型人才培养前瞻意识。

二、实践探索期（1991—2000）

20世纪90年代，学校又把办学思想总结为："全面贯彻党的教育方针，力求通过民主和谐的学校管理、自主探究的课堂教学、丰富多彩的课余活动、以美育人的校园环境，创设宽松充实的学校生活，最大限度地开发学生的资质和潜能，使之具有良好的品德和个性，身心健康，快乐地学习和生活，为持续发展打好基础。"恐惧是教育的敌人，理想的学校应该没有恐惧，只有信任。北大附小注重在课堂上创设心理自由和心理安全的氛围，让学生"自己思索，自己作主"，"用自己的头脑来想，用自己的眼睛来看，用自己的手来做"，引导学生冲破思维定式，体验学习的辛劳和成功的快乐。学校形成了"民主、和谐、求实、创新"的教学特色。

进入20世纪90年代，随着学校整体信息化环境的初步建设完成，北大附小以信息、艺术等学科为依托，进行LOGO、QBASIC等语言的教学实践，参加"六一杯"数学竞赛并取得较好成绩。

三、创新拓展期（2001—2007）

进入21世纪后，为促使学生快乐地成长、发展，北大附小提出关注五个方面：第一，创设愉快合作的课堂教学；第二，开展多彩自主的教育活动；第三，建立友爱融洽的人际关系；第四，营造优美文明的校园环境；第五，让家长、单位、社会参与到学校教育中，实施统一协调的"三结合"教育。小学阶段最重要的教学任务是让孩子们学会学习，学会享受学习。对学习的兴趣和热爱比成绩本身重要得多，把学习的主动权还给孩子们，努力创设和谐的教学氛围，是让他们享受学习、感受快乐的关键。2002年7月，我们在继承蔡元培先生"五育并举"思想的基础上，在北大附小原有先进教育理念和光荣传统的基础上，紧跟北京大学"建设世界一流名校"的发展目标，提出并确立了北大附小"国内领先，世界一流"的办学方向、"以人为本，快乐和谐发展"的办学理念和"宽松、民主、和谐、激励"的管理理念。

北大附小地处清代王家花园所在地，古木参天是学校先天的环境优势。2004年，校园改造凸显"依古树建校"的理念，不破坏、不动迁一棵树，人为树"让路"，率先建立了北京市第一栋生态教学楼。学校还精心为孩子们保留了著名明清古建，著名历史学家翦伯赞、著名法学大师陈守一、著名诗人何其芳先生的三栋故居，修旧如旧，经过悉心整理、镂刻诗文，寄寓教育的深意，突出现校园人文景观的育人价值，为学生提供了"可感知、可体验、可视化"的美育文化环境，这是学校环境育人实践创新踏出的一大步。

这一时期，信息学科推陈出新，屡创佳绩。在开设QBASIC语言课程的基础上，进行智能机器人、动画设计等培养学生创新思维的教学研究，开设相关的兴趣小组，参加RoboCup机器人世界杯、FLL机器人世界锦标赛，以及全国青少年机器人大赛和创新大赛，并取得优异的成绩。获得RoboCup机器人世界杯冠军，连续多次在全国机器人大赛中获得金牌，获得全国青少年科技创新大赛二等奖和多个北京市青少年科技创新大赛一等奖。

四、创新发展期（2008年至今）

随着时代的发展，学校发展面临新的机遇和挑战。为了不断提高学校办学水平和教育质量，实现"国内领先，世界一流"的发展目标，北大附小在原有指导方针的基础上，针对存在的问题，制定了2007—2012的新的24字工作方针，即：抓细节，促内涵发展；搭舞台，推名师梯队；拓视野，与国际接轨。在多年的创新型人才培养实践过程中，学校持续发扬"以美育德，文化育人"的办学特色，在校园文化建设、德育实践活动和课程教学创新等方面展开了全面的实践探索。

2012年，北大附小在原有课程体系的基础上，开启了"生命发展课程"的探索和实践。以学生生命成长为基点，把课程分为基础类、拓展类和研究类三个层次，分别面向群体、面向分层、面向个体，涵盖人文素养、科学素养、健康艺术、社会交往和国际理解五大领域。学校将"多元、开放、立体、自主"作为课程目标，为学生们开设了一百多门选修课程，让学生们一步步实现素养的提升、生命的成长、人生的幸福。开设了基于五大素养的各类创新课程：智能机器人、创客、单片机、科技创新、趣味经济学、人工智能、3D打印、DI创新思维、视觉思维、衍纸、版画设计与创作、研学、徒步、自然观察、观鸟、天文、建筑模型、研究性学习、动画设计、数码摄影等。在科技、艺术、人文等多维度培养学生的创新意识和创新思维，为创新型人才的培养打基础。

在课程实施的基础上，北大附小以课题研究引领师生学习方式的变革创新，形成以任务驱动的方式、基于问题解决的方式、基于项目学习的方式等多种教与学的课堂学习样态，为培养面向未来的全人格、创新型人才作了扎实的实践探索。

"十三五"期间，北大附小在党和国家教育方针政策的正确指引下，坚持社会主义办学方向，以立德树人为根本，坚持为党育人、为国育才，培养德智体美劳全面发展的社会主义建设者和接班人。随着国家"教育均衡"战略的推进，北大附小先后承办了三所公办小学、两所民办小学、一所民办幼儿园、一个市级培训中心，形成了集团发展的新格局。"文化引领、凝聚团队、软硬并进、各有侧重"的北大附小"十三五"战略规划，使各校区得到了各具特色的提升和发展，实现了从传统办学到自主办学到特色办学再到集团办学的新跨越。同时，北大附小以中共中央、国务院2020年《关于全面加强和改进学校评价工作的意见》文件精神为依据，进一步强化学校评价改革导向下的创新型人才培养小学实践探索。

2017年，学校以"核心素养下的生命发展课程的建构与实施"为题通过全国教育科学规划课题立项。同年，历经十年磨砺，学校现代化综合体育馆——"泡泡馆"落成，该馆从外形设计到具体功能都深刻诠释了教育空间育人的创新理念：方圆合一的中国建筑传统与教育空间功能化的现代设计相结合。2019年，以"立德树人"为主题的"杨辛美育馆"筹建启动，为学校开辟了全新的美育空间资源。2020年，汇集国内外大批专家学者的元培基础教育研究院正式成立。

近年来，北大附小陆续有数千名学生前往世界各地交流，成为"传递中华文化的小使者"，先后受到时任国务院副总理刘延东、丹麦首相赫勒·托宁·施密特、法国教育部长贾纳特等国内外领导人的肯定。近年来，在全国相继建立实验校与基地，加强与海外联谊学校共建共享，不断推广验证模式。《人民日报》、中央电视台等中央媒体持续报道整体育人成就。

　　"十四五"伊始，"评价改革导向下的创新型人才培养小学实践研究"将成为北大附小办学实践的重要研究方向。学校充分领会蔡元培先生"五育并举"的教育思想精髓，进一步挖掘北大附小五育融合、创新教育、评价改革的历史经验、资源、环境优势，把创新教育纳入学校人才培养全过程，贯穿学校教育各学段，构建创新型人才培养体系。学校从课程整合、融合、创新建构入手，对创新广博的学校课程体系进行深入挖掘和拓展实践，对创新教育功能进行全学科、全过程、全要素的深入分析研究，不断完善创新型人才培养视角下的整体育人课程体系建构，形成整体育人内在机制。学校围绕"尚自然、展个性、崇自由、全人格"展开，形成"游、学、教、做、创、融"六位一体的创新型人才培养体系，包括——玩中游，以德铸魂的创新型人才育人观；玩中学，多元选择的创新型人才课程体系；玩中教，学玩合一的创新型人才教学范式；玩中做，尊重包容的创新型人才管理文化；玩中创，未来发展的创新型人才成长体系；玩中融，五育融通的创新型人才述评体系。该体系为北大附小"以人为本，快乐和谐发展"的办学理念赋予了新的发展要义，实现着"培根铸魂、启智润心"的教书育人真谛，更将引领北大附小立足当下，面向未来，展开评价引领下的创新型人才培养小学实践的新蓝图。

第三节　以评价推进创新型人才培养的发展方略

小学是培养创新型人才的重要时期，主要是为学生埋下创新的种子。在指向埋下创新种子的教育过程中，评价是重要内容。所谓教、学、评一体，评价直接关乎教育的目标、内容、策略、途径等。有什么样的评价导向，就会有什么样的教育样态。

小学时期的孩子，无论从生理看，还是从心理看，都处于发育、发展的未完成阶段，处于动态变化中，这就要求我们必须以非静止的、发展的眼光看待他们，并为他们的积极成长、正向发展提供各种各样合宜的支持与帮助。因此，北大附小教育中的评价，指向的是成长性评价。

一、成长性评价的内涵

成长性评价，指在日常教学活动过程中，尊重不同年龄阶段学生的身心成长规律，从动态积极的视角看待他们的各类学习结果，并给予相应价值判断。成长性评价具有以下五个特征。

1. 以学生为中心，适性发展

在评价目标的设置、评价任务的设计、评价结果的反馈方面，充分考虑到不同年龄阶段学生的身心发展特点，调动小学中、低、高年级阶段各学生群体的兴趣与积极性，给予充分的展示空间。

2. 以学习为中心，教、学、评一体化

以学习为中心，教、学、评处于完全动态的过程中，三位一体，相互补充、促进、贯穿、交织，并渗透于教学的各个环节，最终目的指向促进学生的学业成长与自身的发展。在此指导下，评价功能不再局限于"鉴别、检验、验证"，而是加强了"引导、反馈、补充"教学的功能，使其成为完整教学设计的一个重要部分。在教、学、评三位一体评价观的指导下，评价任务将贯穿教学始终，使教师随时掌握学生进步情况。这样一方面可以将评价规则与脚踏实地的作风带入教学设计过程，另一方面又将课程设计的丰富性与活力带入评价。

3. 以诊断与提高为导向，成为自我成长的参照

其一，是发展性评价观。发展性评价观的建立与智力或能力观有着密切关系，即在每位教育者心中，智力或能力是一成不变的、静态的，还是发展变化的、动态的，这决定了教育评价的目的是为了鉴别、区分学生的能力水平，还是为了促进其能力水平的发展与提升。动态的智力或能力观是发展性评价观形成的根本。当发展性内涵集中在诊断、进步或成长的概念上，学习的过程可以被描述为朝向更丰富的知识、更高级的思维技能、更深层的理解力的进步。其二，是以个人或掌握目标为参照的评价观，即以个人或掌握目标为参照系，将个体当前的表现与过去的表现进行比较、将个体当前的表现与掌握目标相对照，来判断、解释个体的学业进步情况。学生们的资质水平不同，自我成长参照的评价观强调促进每一位学生在现有资质水平上得到充分的发展。因此只有放弃那种以常模为参照、强调排名、强调竞争的评价观，而转向以个人或掌握目标为参照的评价观，才可以使学生们在与自己的比较中、与掌握目标的比照中，获得成长的动力，树立对学习的信心。

4. 以多元化为导向，提供最充分的展示空间

结合课程培养目标的需要，多元化评价观倡导为学生最大限度展示自己所掌握的知识与技能提供宽广的舞台、多种多样的机会与适切的方式。多元化评价观主要体现在三个方面。①评价主体的多元化：教师、学生、小组与家长，都可以作为评价主体。同时需要指出的是，在强调教师在评价过程中起核心作用的同时，也要特别强调学生的自评与学生主体间的互评。这种做法不仅调动了学生学习的积极性与主动性，更加强了评价本身对于学习过程的引导与促进作用。②评价维度或指标的多元化：在评价学业表现时，从多种能力角度、采用多种能力标准进行评价。这一点在日常学业成就评价中尤为重要，可以使每个学生在评价过程中都能结合自己的特长，深入理解、感受与展示已学到的东西，从而获得对学习的信心与兴趣。③评价方式的多元化：在评价学业表现时可采用纸笔测验、实验操作考查、辩论会、小论文、作品展示等多种方式。

5. 借助信息化手段，刻画学生成长轨迹

北大附小将渗透了创新型人才培养目标的学科教学目标，具体操作至系列日常评价任务的设计与实施中去。采用情境任务、自动赋分或成绩录入等信息化手段，在追踪收集学生在各学段、学科、评价任务量规的过程性表现的基础上，全方位整合刻画学生在五大素养方面的成长轨迹。对于学生个体来说，这将有利于他们在及时获知点滴变化情况的基础上，相应调整学习策略；对于教师来说，这将有利于他们在及时获知每名学生个体的成长轨迹，以及多类学生的成长轨迹基础上，为学生个体和群体提供个性化的教学服务和共性化指导。

二、创新型人才培养体系

结合学校的办学理念、育人目标，基于成长性评价，北大附小形成了"一核三玩三协同"的创新型人才培养体系。

1."一核"：培养博雅少年

北大附小对创新型人才的培养，具体指向培养"博雅少年"。他们拥有强健的体魄、积极向上的人生态度、坚忍不拔的意志品质、敢于担当的精神气质，并且热爱忠诚自己的祖国，既踏实勤恳又敢于怀疑，既自主独立又善于合作。学校帮助学生打下这样的人格基础和素养基础，就是埋下了创新的种子。

2."三玩"：玩中学、玩中教、玩中做

爱玩是孩子的天性。引导孩子们在学习过程中玩出兴致、玩出学问、玩出大雅，教师首先得善于从玩中教，学校也要从玩中做。

（1）玩中学。北大附小的孩子们会玩，这不仅体现在课堂教学中由不同经典文本组成的奇妙拼图游戏、身着节日盛装的红毯秀。北大附小的课堂还延展到大自然中，每年抢课率名列前茅的观鸟课程，就是在北京大学、圆明园的树林里开设的；寒暑假中，学生们还游玩了世界五大洲，甚至到了南北极。北大附小师生设计的"中国少年纪念标"被设立至南极后，北大附小的孩子们多次踏上南极，去和海豚、企鹅共舞。

（2）玩中教。会玩的背后离不开一群德才兼备的"智慧大玩家"的引导。为了达到"学玩合一",教师们也是各显神通,北大附小的选修课就足足开设了145门。无论是援引齐白石老人"他日相呼"的"水墨教学",还是凸显中国传统文化的"戏剧英语",以及师生一起进行的"投包入筐计时赛"……很多"高级"的玩法不断涌现,不仅玩得新奇,更玩得充满意义。在北大附小,还经常有大师们带着孩子们玩。著名哲学家张岱年、著名美学家杨辛、著名戏曲艺术家梅葆玖、著名作家曹文轩等,他们都曾光临北大附小,带着孩子们在玩中进入人文、艺术的殿堂。

(3)玩中做。"学玩合一"的教学理念需要与之相匹配的校园环境。北大附小的管理团队既多元异质,又和谐通达。北大附小以青砖、灰瓦、红廊柱为主要元素,修旧如旧地恢复了四栋古建筑,建立了灰红相间的文化标识系统。依树而建的生态楼,方圆合一的泡泡体育馆,以及宽松民主、包容开放的文化氛围,都是在玩中生发的。在这样的广袤空间里,学生们在玩中获得熏陶和化育,玩得有张有弛、有声有色。

为了将培养创新型人才落实在"玩中学""玩中教""玩中做"的实践中,我们不断展开历史与现实的对话,再把我们的思考与收获融在新一轮的行动研究中,立志为当下的教育找到新的可能与方向。

3."三协同":创客创意创造协同、大中小协同、家校社协同

学生的成长,离不开各种高质量的活动。真实的情境、挑战性的任务、个人与团队的融合、解决问题的路径等,特别有利于学生创新思维的培养。北大附小一直高度重视这样的高质量活动,形成了"创客""创意""创造"的协同共生。"创客"包括各种各样的小课题、小项目研究;"创意"

包括各种各样的艺术、人文等活动，如"我型我秀""燕园芳菲"等；"创造"主要包括培养未来人才创造力的活动。

"大中小协同"指的是大学、中学、小学协同。北大附小始终坚持整体育人的理念。这里的"整体"，既包括横向的德智体美劳的全面发展，也包括纵向的"大中小"整体。北大附小积极同北京大学等大学、北大附中等中学沟通，打破学段间的壁垒，努力推动资源融通共享，为学校的教育、学生的发展提供新的支持。学校成立了学森智慧小屋、少年科学院、杨辛美育馆、元培基础教育研究院，多位学者、专家、教师助力于学校创新型人才的培养。

"家校社协同"指的是家庭、学校、社区协同。北大附小一直将家庭、社区视为教育的重要力量和资源，通过家长进课堂、定期家访、校外心理辅导员机制，通过参与评选北京市中小学生科学建议奖、与北京科学中心合作，以及让学生担任中国网、北京市红领巾通讯社的小记者等活动，努力整合多方教育资源，形成家庭、学校、社区之间的协调，共同育人。

第三章
创新广博的学校课程体系

进入21世纪以来，随着社会的进步和教育改革的不断深化，社会对教育的需求越来越高。北大附小的生源绝大多数是北京大学教职工子女，他们带着多样化的家庭教育背景和知识积淀走进校园，有着敏锐的问题意识和求知欲，对学校教育的期望值更高。在这样的背景下，常规课程设计显然不能适应学生发展的需求和广大家长的要求。同时，北大附小的"自由、民主、开放、包容"的文化特色也决定了学校必须打破整齐划一的课程设置。

北大附小的教育者们经过长期的理论与实践的结合，以及深入的思考发现，国际化的教育思想、"五育并举"的思想渊源和北大附小的教育传统具有极高的融合性。一个更大更丰富的课程体系，浮现在我们眼前。

就这样，在"思想自由、兼容并包"的教育血脉与国际化教育思想的交叉滋养下，在学生成长需求和学校发展期待的双重驱动下，北大附小不断关注课程改革的顶层设计思路，把学校课程建设作为特色办学、提升质量的根本要求和核心举措，不断进行课程结构优化、课程板块整合和学科教学改革。根据"让每一个孩子都得到独具特色的发展，为使之成为健康的、幸福的、有价值的中国公民和世界公民奠基"的育人目标，北大附小创建了独特的生命发展课程体系。

第一节 生命发展的思想内涵

一、"生命教育"理论

"生命教育"这一概念，最早是由美国的詹姆斯·唐纳德·华特士（James Donald Walters）于1968年提出的，主要针对当时青少年的吸毒问题。他在加州阿南达创建阿南达学校，倡导和实践生命教育思想。此后，生命教育思想不断得以发展。1989年日本提出以"尊重人的精神"和"对生命的敬畏"的观念来定位生命教育的目标。生命教育所针对的不只是毒品、暴力和艾滋病，还包括青少年的自杀、霸凌、杀人、破坏自然环境等现象。

中国的生命教育起始于21世纪，经过多年的发展，已由最初的零星探索，变为相继由上海、湖南、辽宁、黑龙江等省市开展的广泛的生命教育实践。

起初，在当代中国社会急速发展、价值取向多元、人生选择多样、生活竞争激烈、青少年的生命脆弱感和无助感日益严重的背景下，中国的生命教育主要停留在珍惜生命、预防自杀的工具性层面，是为了教给学生关注生命安全的观念和自救的方法、技能。

随着人们对生命认识的深入、社会对生命发展的关注，生命教育的目标需要突破最初的"珍惜生命、保护生命"的工具性，多层次地引导学生认识生命本质，肩负起拯救灵魂的重任，廓清伦理道德的取向。生命教育应不仅能够保护生命，使人"活着"，而且要激扬生命、提升生命的质量，使人活得"有意义""有尊严""有价值"——生命不仅意味着身体的健康，也意味着人格的健全。因此，应使生命教育带有人格整全教育的意味。

我国学者冯建军把生命教育实践提升至完整的生命教育思想，他从生命教育的实践考察出发，针对以往生命教育的工具性和偶然性，提出了"生命教育"与"生命统整"的主张。他认为：人的生命具有双重性，除了动物性的一面，还有精神、灵魂、伦理道德、理性等非物性、超自然生命的一面，完整的生命构成应该有自然生命和超自然生命两个层次。他将人的超自然生命又分为社会生命与精神生命。社会生命使人适应现实社会，精神生命使人超越社会。自然生命、社会生命和精神生命三个系统之间不是完全相互独立的，而是在冲突中实现生命的否定性统一。

具体而言，人首先是一个自然生命体。自然生命是自在的生命，是大自然的生命造化。凡是自然赋予人的生命，包括其本能、天性和欲望，都无所谓善恶，也无法改变，因此需要敬畏。

进一步，人是一个社会的存在。人的生命不仅属于个人，也属于社会，人只有在社会中，才能获得属于人的一切特征。社会生命是个体社会化的结果，因此具有适应社会的被动性和外在的限制性。社会生命意味着人要学习社会的规范，按照社会的规范去行动、作为；个人要和他人共同生活、和谐相处；人要承担一定的社会角色，担负起作为家庭成员、社会成员、国家公民的责任。

更深层地考虑，人是一种精神的存在。生命的精神性使人不再是本能的奴隶和社会的工具，而是在自然生命、社会生命的现实基础上，追求一种可能和超越，去创造生活的意义和价值。

生命教育是关乎生命成长的教育，它必须从生命成长的角度去考虑，直面生命，满足自然、社会、精神生命的需要，完善生命的发展。所以，当我们把生命教育的内涵置于人的"发展"之中，它就必须致力于生命内涵的整体，做到以下三方面。

1. 呵护自然生命

自然生命是人的生命的物质基础，无它，则无人的生命。自然生命是自在的，不可改变。生命教育首先应当使人树立生命珍贵和敬畏生命的意识，学会珍爱生命和保护生命。

2. 塑造社会生命

社会生命是人适应社会、参与社会生活、在社会中独立存在的必要前提。发展人的社会生命，就是要传递一种和谐意识，帮助学生建立人与人、人与社会、人与自然的和谐关系，过一种共在、共融的和谐生活。

3. 激扬精神生命

精神是生命的"点火剂"，是创造的源动力。生命没有精神，等同于行尸走肉。精神润泽生命，才会超越社会生命的被动性，使生命充满着智慧和理性的光辉、道德的升华和价值的情思，从而创造有意义的生活，实现人生的价值。如何激扬生命呢？首先，要学会自尊自爱；其次，要有健康的心理，积极进取、乐观向上的人生态度；最后，要唤醒人的超越意识，引导学生确立人生目标和远大的志向，激励他们不断进取，追求崇高的人生境界。

二、生命发展课程的育人理念

在考察了"生命教育"理论的渊源、内涵的基础上，我们审视儿童成长的特殊意蕴，结合北大附小的办学理念与育人传统，对"生命教育"理论进行了本土化的改造。具体来说，就是聚焦北大附小"以人为本，快乐和谐发展"的办学理念，依托"让每一个孩子都得到独具特色的发展，为使之成为健康的、幸福的、有价值的中国公民和世界公民奠基"的育人目标，创建了让生命自由成长的生命发展课程。

1. 以人为本的理念追寻

受北京大学源远流长的文化熏陶，北大附小几十年来一直重视"全人"教育，在办学思想中十分重视人的自由和谐、完满发展。北大附小确立了"以人为本，快乐和谐发展"的办学理念。

在学校发展的一切工作中，北大附小真正摒弃以"管束、利用、改造"为主的管理理念，树立以"尊重、关爱、发展"为主的理念，一切从师生的生长、生活需要出发，对人的生命予以尊重，对人的天性予以敬畏。全校师生都充满朝气，富有精神追求，对自然和人类充满善意，懂得感恩、追求进步、向往光明，自信而乐观地面对生活的困难与挫折。快乐虽不同于健康与智慧，却能帮助提升健康和智慧。强调快乐，是让教师们摆脱生活的忧愁和烦恼，让他们掌握通往幸福的钥匙，做自己情绪的主人。

此外，要面向全体学生，树立全方位育人观，使学生在自由快乐的氛围里学会学习、享受学习，从而全面发展、培养个性。还要公平公正地对待全体教职工，让他们奋发进取，在辛勤工作的同时获得精神成长、事业成功，并拥有享受生活的权利。学校整体优化的育人氛围也要和谐，让管理和顺、高效地良性运转，增强全体师生和衷共济的向心力、凝聚力。

"以人为本，快乐和谐发展"的办学理念是我们基于对生命价值、儿童天性、历史传统的认识来确立的，是北大附小生生不息的精神之魂。尊重生命，意味着以人为本，满足人的需求；尊重儿童天性，意味着呵护学生的童年，给他们自由自在的快乐；尊重历史，意味着继承民主与科学的传统，把和谐当作完满教育的目标。人本、快乐、和谐都指向最终的目标——为学生的终身幸福奠基！

2. 个性发展的目标引领

北大附小从自身的办学理念出发，基于未来社会对人才发展的需求，同时充分考虑学校的历史传统，设立育人目标："让每一个孩子都得到独具特色的发展，为使之成为健康的、幸福的、有价值的中国公民和世界公民奠基。"

"让每一个孩子都得到独具特色的发展"，是指每一个生命都是独特的，每一个生命的需求都是独特的，每一个生命的发展形态都是特别的。教育的首要任务是尊重、理解、欣赏、包容每一个孩子，给他们适合的、需要的教育。"健康的、幸福的、有价值的中国公民和世界公民"，是指我们培养的孩子要具有强健的体魄、健康的心态、卓越的智识、突出的社会适应能力，以及开放的全球视野，这样才能参与未来社会的竞争，成为未来世界的有用人才。

第二节　生命发展课程体系

北大附小立足历史、博采众长，最终明确了将"五育并举"理念与生命教育理论相互结合的生命发展课程设计思路。此后，北大附小进行了精心的课程搭建。有了整体思路的提纲挈领，实践层面顺利推进，课程类目设计得丰富而全面。

在"以人为本，快乐和谐发展"的办学理念指导下，结合"让每一个孩子都得到独具特色的发展，为使之成为健康的、幸福的、有价值的中国公民和世界公民奠基"的育人目标，北大附小构建了学校生命发展课程体系。

一、生命发展课程的具体内涵

生命发展课程，英文名称为"Life Development Curriculum"，简称"L-D课程"。而"life"中的每一个英文字母"L""I""F""E"又可以解释为不同的含义：L——Love（爱），I——Inclusion（包容），F——Freedom（自由），E——Esteem（尊重）。

1. Love（爱）

我们用生命英文单词的首字母"L"代表"爱"。冰心曾说，有了爱就有了一切。爱是人类最伟大的情感，是所有高尚品质和美好道德的核心。小学阶段的孩子处于生长发育的关键时期，对爱的感受也最自然、最丰富。没有爱就没有教育。近代教育家夏丏尊认为："教育的形式如同水池，唯有情和爱才是池里的水，没有情和爱，教育就成了无水之池，任你形状各异，总逃不出一个空虚。"爱是教育的灵魂。教育应给学生爱，应教学生学会爱。

北大附小倡导的"爱"的教育，是弘扬人性美德、洋溢人性之光的大爱。这样的爱包含以下几个内容：第一，把爱内化于人心，尊崇人性发展。尹超校长提出学校教育要"顺其性，驰其想"，"快乐是师生的权利"，"尊重老师的个性以及个性化的生活方式"，这是爱的豁达与纯粹，是人性之爱的最好注解。第二，提升教育的智慧，让心灵止于至善。在我们的工作中，爱需要支持、需要帮助，爱更需要艺术、需要智慧。北大附小提出"有爱的感化才是教育"，爱人容易，而学会正确地爱人、帮助孩子心灵朝向真善美的方向成长，才是我们教育的目标与追求。第三，爱己爱人，让个人与世界和谐发展。在北大附小，"爱"的教育最明显的体现就是"情感管理"。北大附小是一个多元异质、和谐共生的大团队，在这里，维系这一切的，便是一个浓浓的情字。

2. Inclusion（包容）

包容作为人类的基本美德，体现了人性之善。伏尔泰认为："什么是宽容？这是人类的特权。我们全部是由弱点和谬误塑造而成的。让我们相互宽容各自的愚蠢，这是大自然的首要法则。"包容首先就是建立在对人性的解读之上，应理解学生的个性、尊重个体的差异性。从本质上来说，包容教育就是一种人性化教育，在这种充满爱的包容中，学生可以充分地释放自己的个性，以一种自信的方式改正自身的不足；包容教育也有利于创建和谐、宽松的教育氛围，在这样的氛围中，学生的主体意识更容易被激发，从而使生命潜能得到充分的发挥。

北大附小提倡人的"快乐和谐发展"，因此包容必然成为课程文化以及教学管理中的必备精神。北大附小是一个张扬个性的地方，这里云集了四面八方的优秀师资，组成了个性化十足的团队，其中也不乏"特色教师"。正是因为对各种人才的欣赏和包容，才造就了这样的多元异质的团队，成就了开放与创新不断涌现的课堂。北大附小提倡百花齐放、各抒己见、畅所欲言，把教学研究的过程变成开放、群策群力的探究过程。在教学中，学生与教材、学生与教学的相遇将不是生命与符号的相遇，而是生命与生命的相遇。

3. Freedom（自由）

自由是北大附小的文化传统，也是北大附小的精神底色。它来自对北大精神的历史传承。自由教育是一种古老的教育思想，诚如古希腊智者亚里士多德所理解的，自由并不是现代人所理解的随心所欲，不受干涉，而是勤劳和闲暇相互融通的状态。在勤劳的状态中，学生通过基础科目或课程的学习，为将来的生活奠定基础；而在闲暇中，学生发展自己的理性，以造就豁达的心胸和自由的精神。这种自由思想的萌芽其实在北大附小的文化传统中也有所显现。校训"专心地学习，痛快地游玩"就是北大附小自由教育的最好诠释。

自由的精神孕育了博雅的教育，北大附小在育人体系中十分注重基础阶段内容的"宽度"和"广度"，通过为学生提供一种综合的、广博的教育，为其未来终身幸福发展奠定基础。

4. Esteem（尊重）

尊重意味着一种真诚的认可，对自己、他人的价值、能力、行为等表示承认，并伴随着赏识、赞扬、佩服、肯定、支持、高度评价等。在我们的日常生活中，无论做事还是做人，都要秉持尊重的原则。没有尊重，我们的生活秩序将变得混乱不堪，我们也无法有尊严地生活。

"尊重"也是尹超校长日常强调最多的词汇。北大附小处处洋溢着尊重的文化，而尊重的核心，就是信任他人，以谦虚的品性，对待每一位师生。"尊重个性以及个性化的生活方式"，"对个性化的生活方式绝不干预"，这些生动的话语浸润着师生的生活，滋养着学校的一草一木。

尊重的另一层意义，就是赏识。尹超校长从不吝啬赞美的言辞。"小刘越来越精神了"，"老沃越来越漂亮了"，"月华，这件衣服很漂亮，特别适合你"，每天，校长都会直截了当地、毫无保留地赞美老师，让人心里昂扬奋发。对待老师的每一次成功、每一点进步，她总是给予慷慨而真诚的表扬。受校长感染，老师们也喜欢热情地赞美学生："王涛你真棒！""尚尚你又进步了，真是会学习的好孩子！"孩子们受到老师的鼓舞，充满信心，愈发努力。

5. Development（发展）

著名教育家赞科夫曾提出"发展性教育"的理论，该理论指出，教学不应局限于认识能力的发展，应该要求学生理解学习过程，教给他们学习的方法；强调促进学生潜能、个性、创造力的发挥，使所有学生都得到发展，让每一名学生都具有自信心和持续发展的能力。

北大附小希望用发展的眼光看待每一名教师和每一名学生。每一个生命都是独特的，孩子出生的那一刻，就决定了他是独一无二的。孩子们就像一颗颗不同的种子，将来有可能成为大树，也可能就是小草，但无论是参天大树，还是无名小草，他们都应该同样获得尊重。教育的使命就是给予他们适宜的阳光、雨露和沃土，爱和自由的空间，让每一个生命都得到绽放。

从上述几个关键词的阐释可以看出，生命发展课程的内涵与北大附小的办学思想、育人目标是一脉相承的。"以人为本，快乐和谐发展"要求教育给予孩子爱和自由，要求我们用理性的眼光审视孩子的成长，用个性化的方式引导孩子成长，用开阔的视野和情怀放飞孩子的成长。生命发展课程既要面向个体，也要面向群体，让孩子们从知识的增长开始，一步一步实现素养的提升、生命的成长、人生的幸福。

二、生命发展课程的基本结构

北大附小的生命发展课程体现为"三层五类"的课程结构，如图3-1所示。

三层，分别是面向群体的基础类课程，能为学生夯实基础；面向分层的拓展类课程，能开阔学生视野；面向个体的研究类课程，能丰富学生的个性。在此基础上，所有课程分属五个门类：人文素养、科学素养、健康艺术、社会交往、国际理解。

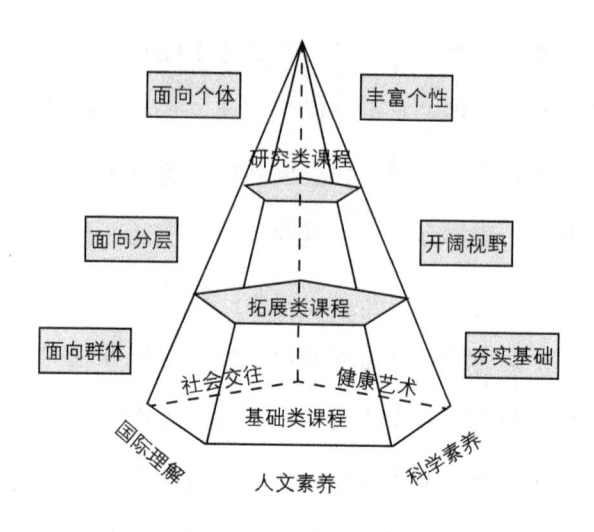

图 3-1 北大附小生命发展课程结构

针对目前学科庞杂的问题，在北大附小的课程实施方案中，我们把课程整合为五个门类，每类课程的价值、功能和开设要求如表 3-1 所示。

表 3-1 五类课程的价值、功能与开设要求

课程门类	课程价值、功能与开设要求
人文素养课程	人文素养课程不仅承载着公民基础素质培养任务，还承载着中国传统文化、校园历史文化传承的重要使命。课程培养学生重视人、尊重人、关心人、爱护人的品质。因此，在人文素养课程的实施中，面向群体、彰显文化底蕴、体现人文价值是实施人文素养课程的基本要求
科学素养课程	科学素养课程要以科学探究为核心。通过课程学习，能够使学生体验科学探究的过程，初步了解一些基本的科学知识，培养提问的习惯、对自然的好奇心以及批判和创新意识。在课程实施中，将科学知识、科学概念、科学方法、科学态度、情感和价值观融汇在一起，对孩子进行感性体悟与理性思考相融的教育，是科学素养课程的根本要求

（续表）

课程门类	课程价值、功能与开设要求
健康艺术课程	艺术是小学生基础教育阶段的必备素养。通过健康艺术课程，培养学生积极健康的生活态度；培养学生对美的感受力、想象力与创造力。北大附小的课程设置适度向健康艺术类课程倾斜，不仅在课程的"量"上有所增加，而且在课程的"质"上也有很大的提升（课程门类的丰富、课程质量的优化）
社会交往课程	社会交往课程是在一系列的社会实践活动中实现的。通过精心策划的活动，建立同学之间的信任，增强自信心，提升团队精神，增强面对逆境的能力，使学生在活动中，积极承担责任，勇于面对挑战，快乐面对人生。情境性、体验性、互动性是课程实施的核心
国际理解课程	国际理解课程以英语交流为基础，以孩子们的国际交流经验为依托。课程旨在培养学生欣赏丰富多彩文化、尊重不同信仰差异、理解不同价值观差异的态度与行为。在国际理解课程中，每个孩子的兴趣和体验不一样，这就要贯彻自主选择的原则，针对不同的需求进行分级分层的课程内容设计

生命发展课程体系重在体现基础性、层次性、选择性和开放性，在课程方案中较好地处理了课程实施内的若干关系。它以办学理念为指导，以育人目标为追求，以生命个体的发展与幸福为最终使命，通过目标素养的分类与分解，再依据相应目标要求设计相应的课程项目，使形成的课程具有多样开放、丰富完整的特点，满足了基础教育阶段全面发展、自由发展的教育需求。不仅如此，在课程实施中，它还特别注意将个体学习与群体合作学习、感性体悟与理性思考结合起来，让学生们体验不同课程对人生的不同滋养。北大附小生命发展课程设置如表3-2所示。

表 3-2 北大附小生命发展课程科目设置表

课程门类	课程维度	课程模块	课程内容			课程目标定位
			基础类课程	拓展类课程	研究类课程	
人文素养	人文知识	中国文化	语文、阅读、书法	围棋、中国象棋、国学赏析、中外简史、世界遗产、校园文化、走进社区、中国方言、共赴青铜盛宴、古代钱币、文字的起源与发展、金融知识、法律起源及重要性、维护合法权益……	趣味经济学	提高人文素养
		历史知识				
		艺术赏析				
		简单经济学				
	人文实践	校园文化				
		社区实践				
科学素养	科学知识	生命科学	数学、科学、信息技术、生活与科技、环境与可持续发展、安全与人民防空教育、研究性学习	无线电、电子制作、动手做模型、种植与养殖、趣味实验、天文、模型、信息学、DI、了解生命、安全知识、了解宇宙、身边的地理、动物世界、身边的植物、北京的气候、环境与健康、信息学、研究性学习、陀螺与力学原理、环境与保护、中国古代陶器、科技发展……	单片机、智能机器人	提高科学素养
		自然科学				
		信息科学				
	科学探究	科学研究方法				
		科学研究实践				
健康艺术	艺术修养	名作欣赏	体育、音乐、美术、手工、健康、毒品预防、心理学	戏剧表演、舞蹈、合唱、管乐、棒球、篮球、乒乓球、田径、外国音乐作品赏析、外国美术作品赏析、外国戏剧作品赏析、健康知识、护牙爱牙……	京剧	增强体质和艺术修养
		艺术学习				
	运动健康	健康知识				
		健康活动				
社会交往	社会礼仪	家庭礼仪	品德与社会、品德与生活、社区服务与社会实践活动、劳动技术	演讲、领导力培养、家庭礼仪、学校礼仪、社会礼仪、节日礼仪、如何交往、安全教育、责任感、青春期教育、法律为我保驾护航、如何解决冲突……	走进社区	提高适应社会生活的综合素质
		校园礼仪				
		社会礼仪				
	交流方法	沟通技巧				
		领导能力				

（续表）

课程门类	课程维度	课程模块	课程内容			课程目标定位
^	^	^	基础类课程	拓展类课程	研究类课程	^
国际理解	文化传统	价值观	综合实践	外国文学作品赏析、宗教文化与故事、国际礼仪文化、外国饮食文化、新闻与时事分析、徒步走天下、镜头里的世界、世界第一夫人、中国与周边国家的关系……	小脚走天下	培养世界公民意识
^	^	文化差异	^	^	^	^
^	^	信仰差异	^	^	^	^
^	国际关系	国际时事	^	^	^	^
^	^	实事分析	^	^	^	^

三、生命发展课程的实施方法

我们从三个维度来构建生命发展课程的实施形态，分别是课程内容、年级段和实施方式，具体如图 3-2 所示。

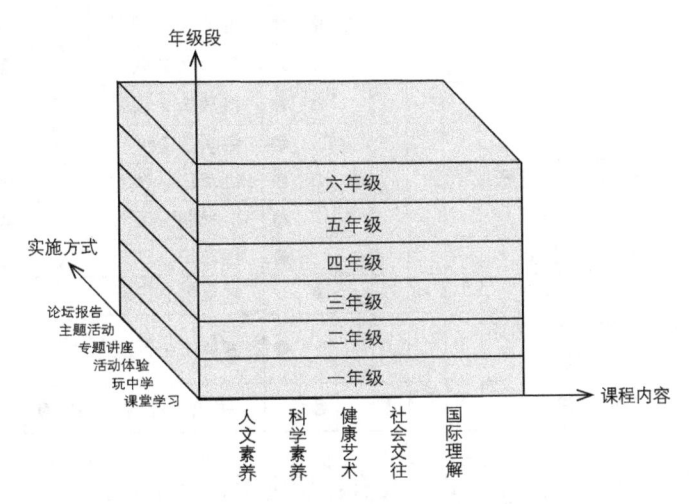

图 3-2 生命发展课程的实施形态

为了能够科学合理地安排课程内容、课时和实施方式，在充分调研的基础上，制订了课程具体实施计划。表 3-3 为"人文素养"课程的课时安排与实施方式。

表 3-3 北大附小"人文素养"课程的课时安排与实施方式

课程门类	课程内容	一	二	三	四	五	六	课时安排	玩中学	活动体验	专题讲座	课堂学习	主题活动	论坛报告
人文素养	语文	●	●	●	●	●	●	每天至少1课时				●		
	阅读	●	●	●	●	●	●	每周1课时				●		
	书法			●	●	●	●	每周1课时				●		
	围棋			●	●			每周1课时					●	
	中国象棋			●	●			每周1课时					●	
	国学赏析				●			每周1课时			●			
	中外简史					●		每2周1课时			●			
	世界遗产	●	●	●	●	●	●	每学期1天	●				●	
	校园文化	●	●	●	●	●	●	每周1课时	●					
	走进社区			●	●	●	●	每4周1课时			●			
	中国方言				●	●	●	每学期2课时						
	共赴青铜盛宴					●		每学年2课时						
	古代钱币					●		每学年2课时						
	文字的起源与发展			●	●	●		每学年2课时						
	金融知识					●		每学期2课时						
	法律起源及重要性					●		每学年2课时						
	维护合法权益				●			每学年2课时						
	激发学习动力，传递正能量					●		每学年2课时					●	
	趣味经济学				●			每周1课时	●	●		●		

生命发展课程的实施方式主要有：玩中学、活动体验、专题讲座、课堂学习、主题活动、论坛报告。北大附小希望通过这样多元开放、立体、自主的课程，让每个孩子体味不同课程带来的滋养，给予他们更多的自主选择机会和自由成长空间。具体来说，我们从课程整合、精品课程建设、课堂教学改革三个方面来推进学校生命发展课程的实施。

1. 课程整合

（1）学科课程门类的整合

正如前文所述，北大附小把广泛开设的学科课程门类融合为五大领域，以大领域设计的思路来勾画学校课程的整体发展，将国家课程、校本课程、兴趣小组、社团活动等有机融合起来，在一定程度上克服了学科门类庞杂、课程种类繁多且各自为政的问题，较好地促进了学校整体教学的优化。

（2）学科课程知识的整合

北大附小利用学科门类之间的相关性、相似性，在学科课程内进行了以知识为中心的课程整合。如2004年，数学团队率先带领学生开展了数学综合实践领域的探索和研究。学生自主选择感兴趣的数学问题，团队合作确定研究课题，设计研究方案，形成研究报告，交流研究成果，实现了数学和综合实践学习的整合。

又如"戏剧英语"课程，以整体剧目为单元进行安排，通过演讲、自发的创造性表演、小型话剧等多个学习模块，体现学生的语言能力、肢体运动能力、人际交往智能等的有机融合。该课程融合了口语、视听、表演、说唱等，实现了英语学习与多种舞台艺术学习的整合。

（3）学生生活实践的整合

为了把学生们精彩纷呈的生活实践变得更有意义，学校进行了以实践经验为中心的课程整合。如学校开设的"人文素养"课程，内容包括文学、历史、经济、政治、社会等，该课程中还有一分支——校园文化课程，该课程以北大人物、北大建筑、北大历史故事为系列编排，以师生互动课、北

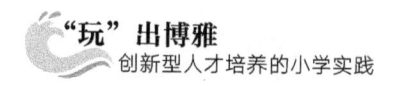

大名家开设讲堂等为形式，传承北大精神文化、学习校园文化内涵。

又如"国际理解"课程。该课程是以学生们丰富的游学实践经历为资源，以不同国别（如新加坡、日本、韩国、美国等）、不同专题（如饮食、节日、礼仪等）为内容编排的课程，体现了以游学实践经验为中心的课程整合。

再如"趣味经济学"课程。该课程通过游戏、小型拍卖会、模拟经营等方式，学中玩、玩中学，让学生了解相关经济学知识，学会选择和放弃，学会规划自己的未来、管理自己的生活，体现了以创业实践活动为中心的课程整合。

（4）学生学习方法的整合

北大附小还进行了以学习方法为中心的整合。如老师在音乐课"苏三起解"等课程内容中用英文教授京剧，孩子们在英语课中用iPad等信息化设备进行人机互动，都体现了以方法为中心的课程整合。又如"碰碰植物"课程以俱乐部活动（组建植物爱好者俱乐部）的方式，通过种植体验—观察思考—创新研究—经济学创业实践活动等一系列过程，带领学生观察、研究不同植物的生长，内容涉及传统种植和无土栽培两种种植方式的体验和比较，其中无土栽培方式包括水培、基质培、立体培等，体现了科学探究与经济学创业实践学习方法的整合。

2. 精品课程建设

北大附小从六个方面来推进精品课程的建设，这六个方面也是课程建设的六个基本问题。

（1）对学科建设应解决问题的判断

学科建设是一套环环紧扣、前后承接紧密的工程，从明确学科性质到加深课程理解再到尝试课程开发，课程研究的范式转型就孕育在其中。构建某一特定学科课程最重要的程序就是对学科性质的准确把握，应既继承传统又符合新课程改革。如北大附小提出的英语课程改革，就紧密围绕当前学科建设的四个基本问题：第一，缺乏语境；第二，母语和外语的习得机制差异；第三，分层差异；第四，中外文化差异。

（2）学科课程构建的核心主题

课程构建的核心主题是蕴含该课程的目的和价值、蕴含学科实践特色的重要表述。如北大附小的"博雅语文"课程，既源于北大的传统，也源于自身的积淀。在该课程中，语文团队尝试从"母语""儿童""文化""生活"等多个维度，致力于将语文课程的工具性和人文性相统一，强调语文课程的综合性和实践性，使其焕发出强大的生命力。教学中，教师们将"工具性"和"人文性"作为一个整体来考虑，在教学生"识词""解句"的同时，帮助学生成长为精神清明、情感丰富、表达清晰，并且有独立人格、具备中国灵魂的世界公民。

（3）学科群的搭建

所谓的"学科群"是指根据学科发展的内在联系，将若干个关系紧密、互动性强的学科结合在一起，形成具有一定内在联系的学科集合。北大附小在生命发展课程体系中构建了学科群，按五大素养将课程共分为10个维度，25个课程模块，145门课程。将三个层级的课程进行组合，展现北大附小课程的多样化形态。例如人文知识课程，包括中国文化、历史知识、艺术赏析、简单经济学等模块；科学素养课程包括知识和科学探究；社会交往课程包括社会礼仪和交流方法，按家庭、社会和学校分别来搭出礼仪交往基本框架；等等。

（4）教学内容与组织

独特的教学内容设计也是课程构建的关键。北大附小的数学教育分为两个阶段，即第一学段（1—3年级）和第二学段（4—6年级）。各个学段都有四方面的内容："数与代数""图形与几何""统计与概率"和"综合与实践"。它们贯穿于每个教学年级，随着年级的升高，难度逐渐上升。

在数与代数方面，主要内容包括：数的认识，数的表示，数的大小，数的运算，数量的估计；字母表示数，代数公式及其运算。在图形与几何方面，主要内容包括：空间和平面的基本图形，图形的性质和分类，面积计算等。在统计与概率方面，主要涉及：收集、整理和描述数据，包括简单抽样、记录调查数据、描绘统计图表等；处理数据，包括计算平均数、中位数、众数、极差、方差等。这部分在小学阶段涉及较少，主要是帮助学生建立统计分析的观念。在综合与实践方面，主要是以一类问题为依托，帮助学生积累数学活动经验。针对问题情境，让学生借助所学的知识和生活经验，进行独立思考或与他人合作，经历发现问题和提出问题、分析问题和解决问题的全过程，感悟数学各部分内容之间、数学与实际生活之间及数学和其他学科之间的联系，激发学生学习数学的兴趣，加深学生对所学数学内容的理解。总之，这四个方面在不同阶段均有一定的渗透，并随着学生年级的增长逐步深入。

（5）课堂教学改革

在课程改革进入深水区的今天，课堂教学改革的成败，既决定着课堂教学效率的高低，更决定着课程改革是否能在课堂中生根发芽。北大附小每个学科都在进行课堂教学改革，其中针对学生差异的个性化教学设计卓有成效，主要通过以下三种思路来体现：第一，不同的课程门类设置，如拓展类课程主要立足分层教学，研究类课程主要立足个体需要。第二，同一课程内的分层教学尝试。如英语团队正在实践的"SSR"英语分级阅读实验，以词汇数量为标准将阅读分为几个层级，通过干预式阅读和非干预式阅读，让学生们分别晋级，由教师进行有针对性的读物推荐和具体指导。第三，同一课程内的个性化教学策略。如英语教学中的"个性化作业设计"，包括：常规书写作业，内容体现为核心词汇和关键句型；阅读型、竞赛型作业，内容体现为语篇理解和语词运用能力；开放性、创造性、想象型作业，内容体现为综合能力素养的锻炼与提升。

（6）开放的学习资源建构

课程实施总是与课程资源的开发和建构联系在一起。如在实施"卓·悦英语"课程的过程中，根据课程的目标设计，教师们逐步摸索建构了开放的学习资源，包含教材资源和弥散性资源两种。教材资源依然是现阶段课程实施的重要资源，是教学内容的重要载体。北大附小基础英语课程所使用的人教版英语教材主要提供了学习内容（按照主题进行编排和分类，大致涵盖身体部位、学校和学科、兴趣和爱好、数字及数学、节日文化等近20个主题），以及学习活动、图片和音频等资源。弥散性资源是教材资源以外，存在于我们身边的一切有助于学习的资源，包括图书资源（各类英文读物)、网络资源、音视频资源、校内外活动资源等，以及教师、学生、家长的生活经验等。

3. 课堂教学改革

（1）教学改革理念

北大附小时时处处践行"以人为本，快乐和谐发展"的办学理念，用和而不同的人性化教育管理我们的课堂，用打动心灵的教育润泽学生的精神生命。例如，在构建"博雅语文"课程内容的过程中，我们关注到教与学方式的转变对课程内容实施的重要性，其中"博吸收"的课程特质，使得我们的语文学习趋于面向更为广博的历史、社会、自然、文化等领域。课程内容的"博"，决定了未来我们的教与学的方式将发生巨大的变革，小小课堂已难以容纳我们广阔的"博雅语文"，传统课堂的篇章教学逐渐难以承载如此丰富、多元的信息，更无法令孩子对生活、对文化拥有深度的观察体验与全面参与。

基于这样的认识与分析，北大附小进行了如下教与学方式转变的尝试：从课堂教学出发，打开教室之门，学生带着在教室内的阅读积淀，走进小讲堂聆听专题系列讲座，聚焦问题展开深入研究，最终迈出组团实地考察的第一步。正所谓读万卷书，行万里路，北大附小二年级"中轴线之旅——探寻传统文化"的主题课程内容正是在这样的转变与思考下应运而生的。这样的体验式学习，是一个完全开放的过程，学生在体验中充分调动感官、肢体、情感等多方面因素参与，是一个真正实现"博吸收"的过程。

（2）教学策略的开发

北大附小各个学科团队都开发了丰富的教学策略，其目的是让孩子们专心地学习、痛快地游玩。如英语团队开发了一系列的教学策略，包括语音分段策略、字母拼读策略、语境感知策略、信息差策略、联想词群策略、语境感知策略、思维导图策略、悬疑推进策略等。以联想词群策略为例，其操作方法有以旧联新、归类联想、变换词形三种。其中关于变换词形，教师概括了三种策略：替换字母变新词、拆分单词辨单词、大词里面挑小词等。又如阅读教学的悬疑推进策略，也分为三个步骤：读前的"设疑"（导读）、读中的"释疑"（品读）、读后的"质疑"（延读）。

（3）教学模式的创新

北大附小的科学课堂，是激发灵感、创意无限的殿堂。通过"思考—尝试—再思考—再验证"的教学模式，科学教师帮助学生"做中学"，自己探索、掌握知识，获得良好体验。为了顺应学生们好动和探究的天性，北大附小特别设立了智能机器人课程。北大附小是北京市最早接触智能机器人项目的学校，2007年，正式把"智能机器人"课程纳入学校课程体系。2011年，我们再次拓展了"智能机器人"课程的广度和深度。十多年来，北大附小代表海淀区、北京市参加各级各类智能机器人竞赛，荣获国家级金奖上百次。

（4）教学风格的形成

北大附小的数学课努力让学生学有趣的数学、有用的数学、身边的数学。课堂上，教师们最大限度地鼓励孩子自主学习，以学科知识的内在魅力、教学方法的艺术魅力及教师亲和的人格魅力吸引学生，互相欣赏、共同分享，形成了"师生互动""自学—质疑—合作探究""激趣、求异、探索、迁移"等多种课堂教学的风格。

例如，李宏娟老师在上"面积单位"一课时，由于是认识较大的面积单位，要给学生直观的感觉并不容易，在上课之前，教师就带着学生亲自测量教室和篮球场等，再结合更大的面积单位与这些实际场地的关系给学生以直观的概念。不但学生，就连当时听课的教师听了这节课都知道了1公顷和1平方公里有多大。评价课程时，王雪峰老师的一句话评价十分精到：用看得见的刻画看不见的，用有限的想象无限的！

四、生命发展课程的管理与评价

课程的管理与评价是高水平实施学校课程建设方案的关键。北大附小在具体课程管理与评价实践中，明确课程管理基本流程，成立改革领导小组和学术委员会，成立专业的课程研发团队，构建多元课程评价体系。健全的课程管理机制以及科学的课程评价机制，是北大附小课程不断发展的重要支撑，也是北大附小在课程改革实践中践行以人为本的重要保障。

1. 明确课程管理的基本流程

北大附小把课程改革当作战略性、全局性任务来抓，对过程中的每个节点进行质量控制，通过对每个细节的节点管理和协同攻关，确保课程改革稳步高效推进。北大附小的课程管理中心负责课程的开发、实施和管理。首先，进行需求评估，即在国家课程的基础上，对区域社会经济发展需求和学生个体发展需求进行调研评估，同时，考察社区、学校的课程资源优势和教师的课程研发和实施能力。其次，组织课程开发，即确定特色课程开发与实施目标，制订特色课程开发方案，组织教师编写特色课程实施纲要，编写特色教材。再次，课程实施，即根据课程纲要和课程安排，开设课程，让学生自主选课。最后，进行课程评价，包括课程开发评价和课程实施评价。

2. 成立课程改革领导小组

课程改革领导小组既是课程改革的组织领导者，又是课程改革的实施者和引路人，其职责是确定切实可行的组织方式、实施办法和目标达成方案，并定期深入到各年级、班级中实际听课、评课，对实施过程给出有针对性的指导，为学校课程改革中出现的问题、现象、矛盾提供咨询服务、技术指导和专业支持。北大附小校长尹超任组长，负责生命发展课程的总体设计和规划，副校长潘东辉、校长助理庄严任副组长，负责生命发展课程的总体实施和统筹安排，各学科主任和年级组长负责生命发展课程的具体实施和推进。

3. 成立课程改革学术委员会

北大附小课程改革学术委员会主要通过研究、咨询，为课程改革提供有证据支持的建议。成立学术委员会的目的，是通过与大学和研究机构的合作，引入不一样的思维方式，改进教师的课程教学实践，提升课程研究水平，同时将学校在课程改革中形成的经验提炼总结形成理论，实现实践向理论的成果转化。学校聘请北京师范大学裴娣娜教授为委员会主席，中国教育科学研究院基础教育研究所所长陈如平、北京大学教育学院原院长文东茅、北京市教育科学研究院研究员程舟、海淀区教育科学研究院院长吴颖慧为专家咨询团队，为北大附小课程改革的总体思路问诊把脉，保驾护航。

4. 成立课程研发团队

在课程研发团队的组建中，北大附小充分发挥名师、骨干教师的带动、引领和辐射作用，完善学校的教师培训和教学研究制度，形成与课程研发相适应的教师专业发展机制，促进教师的专业化发展，并努力探索与之相适应的教师管理机制和课程开发评价机制，全面提高教师队伍的课程研发能力和整体素质。北大附小课程研发团队以主任级教师和年级组长为主导。在课程改革中，主任级教师和年级组长要担负新的使命，即带领研发团队开发、设计、完善每一门课程的具体方案，包括选择适宜的课程，确定每一门课程的具体目标、内容、实施方式和评价方式等。

5. 构建多元课程评价体系

北大附小课程评价总的原则是"立足学生，发展为本，突出综合，突出选择"。每门课程质量评估重点是"创新性、生成性和适切性"。倡导多元化的课程评价，主要体现在以下几方面：首先，评价目标多元，既可以针对学生进行分层评价，包括普及性培养目标、发展性培养目标、特长性发展目标；其次，评价主体多元，包括学生评价、教师评价、家长评价、校外人员评价等；再次，评价的内容和标准多元，包括从真实技能、学习态度、合作精神、探究能力、社会实践等多个层面进行评价；最后，评价方式多元，可以采取单元自评、学生日记评价、动手做的项目评价等多种方式。

五、生命发展课程的创新特色

生命发展课程是北大附小"生命美学"思想的总蓝图,其中蕴含了全面的新方法和新特色,在课程结构、课程组织、课程内容、课程思想几个方面,都体现了教育者不因循守旧,力图突破思想和实践之间限制的用心。总结来看,包括如下几个方面。

1. 独具特色的立体课程结构

北大附小生命发展课程总体上呈现纵横交错、三层五类的立体课程结构,非常具有特色,把国家课程、素养类课程、特色类课程加以整合,是一次理论和实践的综合创新,很好地体现了学校课程的结构性、整体性和发展性。

北大附小生命发展课程体系为孩子们打开一个全新的窗口,以往陈旧的内容被摒弃了,知识学习被重新整合。在三层五类的课程结构中,我们既强调义务教育阶段课程设置的普遍性要求,也十分强调北大附小独特的办学实际和学校发展定位。如果说人文素养、科学素养、健康艺术符合普遍性要求,那么将社会交往、国际理解两大领域单独提出,则显示了北大附小关于未来教育发展的战略眼光和魄力。"社会交往"是针对21世纪终身学习技能中的"协作""交流"提出的,也是针对当前孩子们亟待培养的社会适应能力提出的;"国际理解"则是根据北大附小学生的诉求以及学校国际交流实践经验提出的。早在2002年,北大附小就为孩子们开设了丰富的游学课程。目前,学校已有两千多名师生远赴国外进行学习交流,学生的足迹遍布四十多个国家和地区,教师出国进修、学习的人数在95%

以上。三层五类的课程结构作为学校课程的基本构架，在坚持主体意识和特色意识的基础上，面向基础、面向未来，整合了北大附小已有的国家课程、兴趣课程、校本课程，课程设计的科学性显著增强。

2. 学科群概念的构建

北大附小的课程体系不是一门一门课地去呈现的，而是构建了系列学科群的概念。在上述生命发展课程体系中搭建的学科群，将三层课程组合起来，展现了北大附小课程的多样化形态，以及教师的课程创生力，也使得学生们有了更多的自主选择空间，学习兴趣更加浓厚。以英语学科为例，它包含9门具体课程，基础类课程有"Joy English"（"乐学英语"课程）；拓展类课程有"Joy Drama"（"趣演戏剧"课程）；研究类课程中有"Joy Flying"（"卓越发展"课程），具体又包括"Joy Reading"（"卓越英语阅读"课程）、"Joy Singing"（"卓乐趣唱"课程）、"Joy Drawing"（"卓画趣绘"课程）、"Joy Baby Plan"（"卓越宝贝计划"课程）等。这些丰富多彩的课程体现了"以人为本"的理念，让每一位学生享有独特的学习机会。

3. 独立研发的课程体系

在生命发展课程中，根据五类课程的不同功能和性质，在年级段安排上，不同的活动方式均有不同侧重。这也是一次实践创新。改革之后的课程体系，使学校办学理念与育人方式紧密相连，让学校育人理念在课程教学中真正地落地。

北大附小生命发展课程是在校长的具体领导下，在全体教师的共同努力下研发完成的。这是一个完全由学校自主开发、自主设计的课程体系。如我们的植物大棚，完全是由科学组教师领衔设计建立的，依托植物大棚开设的"碰碰植物"课程，用科学、经济学、艺术摄影等学科整合的方式，教孩子认识、种植身边的植物，学习其中蕴含的科学知识和人文情怀，是一次智慧的创生。生命发展课程激发了教师们的创造活力，学校课程创生能力显著增强。

4. 学校文化的传承与创新

北大附小的课程建设十分关注对学校文化的汲取和观照。在生命发展课程体系中，我们把人文素养作为首要的知识领域，把人文素养中的北大文化系列课程作为学校重要的特色课程。该课程是由一次"亲近北大活动——走近蔡元培"生发出来的，以感受北大风骨、风物、风采为目的，以领悟北大精神、传承北大文化为宗旨的特色课程，是北大附小对办学传统、文化特色的融会，它带来了文化的碰撞、思想的提升，促进了学校文化的传承和创新。

另外，生命发展课程改革也生成了丰富的课程文化。学校自编的《北大附小三字经》中有这样一句话，"顺其性，驰其想"，指的是要顺应天性，因材施教。如何顺应天性，因材施教呢？首先，北大附小从学生的天性和个性出发，把学科类课程向活动类课程大量倾斜，大幅度地增加了体育、艺术、科学、综合实践活动的课时。其次，为了满足学生们爱玩的天性，引导他们玩中学，学中玩，北大附小开发了一系列的特色课程，如趣味经济学课程。小学开设经济学有必要吗？孩子们能听得懂吗？课程开发之初，有不少人质疑。然而，当我们考察国外的教育时才发现，开设儿童经济学课程，已成为国际流行的一种趋势。不仅如此，在对国外学校的访问中，我们也发现，发达国家的基础教育，往往不只是关注知识、能力和创新精神，更把生活教育作为重要内容，给孩子一些终身受用的东西，如对生活的热爱、学会选择和放弃、学会辩证地思考问题等。

几年来，北大附小以生命发展课程建设为抓手，在课程建设方面取得了丰硕的成果。如出台了《让生命自由成长——北京大学附属小学课程方案（试行稿）》，相继设计了《北京大学附属小学语文学科课程实施方案》《北京大学附属小学数学学科课程实施方案》《北京大学附属小学英语学科课程实施方案》，接着研制了《北京大学附属小学特色课程纲要》（包括"趣味经济学"课程、"北大文化"系列课程、"神奇的单片机"课程、"智能机器人"课程、"碰碰植物"课程）等课程顶层设计的优秀成果。北大附小先后向兄弟学校、海淀区、北京市进行生命发展课程专题汇报与展示近十次。不仅如此，一批重量级的研究成果也伴随课程建设的开展相继出炉：2013年，学校出版了《为了爱和自由的教育》一书；尹超校长在《人民教育》《中小学管理》《中国教育报》《未来教育家》等核心期刊发表多篇与课程改革相关的研究论文；教师们获得北京市基础教育课程改革优秀论文奖达百余人次。生命发展课程建设为北大附小带来了前所未有的生机与活力。

北大附小生命发展课程体系的构建始终围绕学校的办学理念和文化传统、已有改革积淀的经验、学校育人目标及未来发展愿景，在坚持自主意识和特色发展的基础上不断探索和创新，其背后体现的是校长领导下的一种新型的个性化发展的课程实践模式。它的影响不是片面的，而是立体的、深远的，不仅带来了教学理念的变化，也带来了课程结构的变革，促进了特色课程的建设，增强了课程学习的综合性，为学生们提供了广阔的自主选择机会和自由成长空间。

第三节　百花齐放的精品课程

生命发展课程的完整设计，激发了北大附小师生在课程上无限的激情和创造力，借助生命美学，培养学生感情移入能力，促进学生整体的人格成长，其丰富的意蕴深深植根于精品课程的每一堂课、每一次活动、每一个师生交流的瞬间。

立足生命发展课程体系的目标和内容，北大附小进行了丰富的课程开发，教师们课程创生的能力不断增强。在生命发展课程的"三层五类"结构中，第一层的基础类课程包括国家课程、精品校本课程；第二层的拓展类课程包括综合实践、研学课程和徒步课程等；第三层的研究类课程包括选修课和相应的兴趣小组。

目前，北大附小共开设了不同的学科拓展课程、兴趣课程、特色课程，共25个课程模块、145门课程，具体举例如下。

一、趣味经济学

1. 课程内容

该课程以皮亚杰（Piaget）认知发展理论中关于儿童经济学认知发展的研究作为主要理论依据，选取适合学生理解的经济学原理和概念，主要涉及微观经济学和货币银行学。

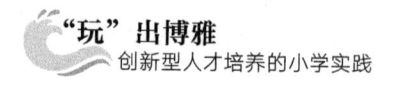

2. 实施方式

以生活中的常见现象或事件串联相关原理和概念，辅以游戏、戏剧表演、小型拍卖会、模拟经营等体验活动，使学生在玩中学，了解相关经济学知识，体验企业运作流程。

3. 课时安排

五年级，每班每周 1 课时。除了讲授教材内容外，另有活动课（拍卖会、戏剧表演、模拟经营等），根据不同班级情况，适当调整。

4. 课程特色

经济学是关于选择的学科，让学生理解常见的经济现象和实用的经济学常识，有助于他们未来的发展。虽然不是每一位学生将来都能成为经济学家，但是希望他们能够像经济学家一样思考；不是每一位学生将来都能成为企业家，但是希望他们能够管理好自己的生活。经济发展是当今全球的主题，已经深入我们生活的每一个角落，儿童也越来越多地接触经济现象、参与经济活动。该课程的活动灵动有趣，拍卖会、戏剧表演、模拟经营等活动有极强的号召力，参与学生众多，极大地调动了学生的主动性，让他们玩中学，事半功倍。

二、碰碰植物

1. 课程内容

该课程以观察研究不同植物的生长为主线，涉及传统种植和无土栽培两种种植方式的体验和比较，其中无土栽培包括水培、基质培、立体栽培等。此外，该课程还辅助以经济学的相关内容。

2. 实施方式

①俱乐部活动：组建植物爱好者俱乐部，通过种植体验—观察思考—创新研究等一系列过程，激发学生思考；再以研究活动，帮助学生把思考延伸和具体化；指导学生根据所学经济学相关知识，创立自给自足的经营模式，涉及管理、销售、研发、策划等多个环节。②实践活动：为了让更多的孩子了解和参与，该课程还与我校特色的综合实践活动相结合，各班均可参与温室科普和种植体验等适合学生的有趣活动。

3. 课时安排

俱乐部活动：三至六年级每班5—10名学生，每周三、周四各两个小时。实践活动：根据各年级综合实践活动安排，每周都可以进行。

4. 课程特色

第一，点燃学生科学学习的热情。课程内活动的设立都以激发和维系学生的热情为出发点，学生们因为有劳动的付出，所以最终会换来收获时的喜悦。第二，将植物栽培与经济学理念进行创意组合。植物栽培、研究与经济学看似不那么相关，对学生来说却是有趣和别具意义的。两者的结合给学生提供了学以致用的实践机会，让他们可创办自己的"企业"，让自己的研究成果（培育的新品、创意园林设计、奇妙的搭配等）为更多的人所看到、喜爱。

三、智能机器人

1. 课程内容

该课程以一系列主题活动为主要教学方式。三年级主要以动物、游戏、故事等为主题进行机械结构的观察、模仿、搭建、修改，初步掌握简单图形化编程语言。四年级主要以结构机械、能量转换、动力传动等为主题进行复杂机械结构的搭建，理解能量转换、动力传动的原理，熟练掌握图形化编程语言。

2. 实施方式

结合适合学生年龄和心理特点的科学技术原理，学生以小组合作形式，采用开放性学习方式，通过"基础搭建机械模型—设计搭建基本机器人—设计创意机器人"，编写机器人程序进行动作设计控制。经过一系列渐进学习，学会观察、学会表达、学会思考、学会合作，激发发现问题、探究科学的兴趣，增强想象力、创造力、实践力，在动手实践、团队合作的过程中获得知识、分享经验、提升素养。

3. 课时安排

三年级、四年级，每班每周1课时。

4. 课程特色

第一，教材内容根据学生年龄设计主题活动，紧密结合实际生活，引导学生从生活中发现问题，进而学习相关知识，再运用所学知识解决生活问题。该课程充分适应学生的学习需要，达成了良好的教学效果。第二，教学以小组合作的形式展开，促进学生团队合作、经验分享，既利于对全体学生的培养，又利于发挥表现突出的学生在团队中的引领作用。第三，教学任务的目标达成（如模型、程序等）并不局限于一种固定模式，而是给予学生想象、创造的广阔空间，进一步激发学生探究的欲望，利于对学生发散思维及创新意识的培养。

四、北大文化

1. 课程内容

该课程以北大风骨、风物、风采为明线,以传承北大"思想自由、兼容并包"精神为暗线,以师生互动课、学生活动课、"附小讲坛"等为形式,使北大精神在北大附小学生的身上得到传承。

2. 实施方式

第一阶段:师生互动课。第二阶段:学生活动课"走访北大"(校园、校史馆、图书馆、赛克勒考古与艺术博物馆、名人故居、雕像等),进一步了解北大。第三阶段:学生小课题研究,穿插有北大名师、学生家长、学生参与的"附小讲坛"。

3. 课时安排

五年级,每两周一次90分钟大课。

4. 课程特色

在内容上,该课程引领学生追溯北大精神,传承北大独有的风骨,成为北大附小独有的校园文化课程。在形式上,丰富的学生实践体验活动融合不同的课程资源,吸纳更多社会人士参与。在效果上,学生通过了解北大风骨、风物、风采,感知着北大附小和北大的血脉传承关系,北大"思想自由、兼容并包"的精神指引着北大附小学生兼收并蓄,自强不息。

五、国际理解

1. 课程内容

该课程组织北大附小学生出访多个国家,感受各国的风情以及文化。

课程内容包括三部分：一、小脚，走天下；二、小国，大财富；三、小学生，大梦想。

2. 实施方式

依据学生的知识储备，以及查找的相关资料，设计出极具针对性又有时效性的课堂环节。通过"看视频、汇报、访谈、讲故事"等多种形式，让学生们在寓教于乐的学习中，理解各国文化的内涵。

3. 课时安排

六年级，每班每周 1 课时。

4. 课程特色

第一，以多种形式，寓教于乐，帮助学生了解世界各国风情、文化，开阔视野，认识世界各国的成功经验，激发当好"世界公民"的意识。第二，北大附小学生与世界各国的互访活动由来已久，把握现有的资源，挖掘更深层次的内涵。第三，提高学生沟通交往、搜集和分析信息的能力，使学生树立终身学习的意识。

六、戏剧英语

1. 课程内容

该课程以整体剧目为单元进行安排，包含演讲、创造性表演、小型话剧等多个学习模块，融合口语、视听、表演、说唱等，将英语学习与多种舞台艺术学习相整合。

2. 实施方式

以"观察—模仿—相信—思考—联想—表演—反应—合作—排

练——演出——总结"为流程，依据大量的教学经验，运用丰富的教学手段，设计出极具针对性与趣味性的课堂环节，让孩子们在快乐中学习，更加自如地掌握地道的英文表达。

3. 课时安排

二年级，每班每周1课时。

4. 课程特色

第一，充分体现了语言学习的综合性，通过演讲、自发创造性表演、小型话剧等多个学习模块将学生的语言智能、肢体运动智能、人际交往智能等有机融合在一起，鼓励和激发学生对学习和生活的热情。第二，有极强的趣味性，让学生们在想象和表演中学习英语，英语学习热情得到了前所未有的激发。

七、京剧

1. 课程内容

曲目以比较接近生活的现代戏为主，同时不断创作富有教育意义的新剧目，如体现谦让美德的儿童京剧《孔融让梨》、颂扬舍己为人的奉献精神的神话京剧《百灵》、振奋民族精神的《岳家小将》等。为不同年级选择相应难度的曲目：一年级、二年级学唱《报花名》《小放牛》，三年级、四年级学唱《都有一颗红亮的心》《咏梅》《泰山顶上一青松》，五年级、六年级学唱《你待同志亲如一家》《今日痛饮庆功酒》等。课程内容的整体性体现在单元设置的完整性与连续性。（图3-3）

图 3-3 北大附小学生表演京剧

2. 实施方式

在课程的实施上，北大附小京剧课程始终坚持课内与课外、校内与校外、普及与提高相结合的原则，让每个孩子都能开口唱上一段京剧。充分考虑课程的可操作性和教师的教学，尽量为教师提供丰富的教学素材，聘请专家指导京剧团等，以推动京剧课程的顺利、有效开展。当然，仅有课堂上的传授和兴趣小组的活动还远远不够，为了营造学习京剧的氛围，还充分利用校园广播、电视等传播手段，时时播放京剧曲目。每年一次的京剧大戏成为全校师生的重要关注点。这种课内与课外相结合的方式，为学校营造了良好的京剧学习氛围。

3. 课时安排

五年级、六年级，每班每周 2 课时。此外每周二下午有针对全校学生的京剧兴趣小组。由 60 名学生组建的"娃娃京剧团"，聘请了北京剧院和中国剧院的专家指导，每周一下午和周五下午是活动时间。

4. 课程特色

在课程评价上，采取灵活的评价方式。针对纳入课堂的校本课程，音乐老师会有相应的考评方式，但不会有严格的书面考试或评审。兴趣小组活动的评价则更加灵活，由于是以专题形式开展，所以没有固定的评价内容，往往根据学习内容的需要调整学习目标和评价手段。

在课程效果上，经过多年的探索和努力，北大附小京剧校本课程取得了辉煌的成绩：1994 年娃娃京剧团成立；1996 年赴奥地利访问演出；1997 年，在俄罗斯驻中国大使馆的精彩表演得到了驻华大使罗高寿的高度评价，获得了荣誉证书；等等。自 1996 年开始，娃娃京剧团几乎每年都有一次对外演出，这不仅让世界了解了中华国粹，也拓宽了学校对外交流的渠道，对学校京剧校本课程的发展有着重要的推动作用。2008 年，北大附小被北京市认定为北京市金帆艺术团京剧分团承办校，从此，京剧校本课程的发展又迈上了一个新的台阶。

八、剪纸

1. 课程内容

根据学生身心特点和学习心理学的基本原理，确定了不同年级的教学内容。低年级的主要教学内容为：掌握剪纸工具使用方法，了解剪纸符号的识别与要领，明白剪纸制作的步骤，学会剪影、单色剪纸；把握物体的形象特征，能够画出来；灵活使用剪刀，逐渐实现准确而流畅地剪出轮廓，学会用刻刀刻出细部；能照简单的范例在教师指导下完成作品。中年级的主要教学内容为：了解剪纸的特点及应用知识；学会五瓣花、六瓣花、双喜字、带心形的双喜字的制作；掌握多折剪的技巧；掌握剪纸的裱贴、剪纸的对称式和自由式构图的有关知识；能照较复杂的剪纸范例独立完成作品。高年级的主要教学内容为：掌握比较复杂的剪纸技巧，进行自由创作。

2. 实施方式

美术老师在班级的布置上别出心裁，教室的布置融入了民间艺术与传统文化：在教室西侧用彩绘图案和折纸做成"春夏秋冬"的主题墙，教室后方则是学生的"作业展示区"（如图3-4所示），每扇窗上贴有各种图案的剪纸。此外，教室中椅子的设计也很有特色，老师们向学生征集方案，然后组织高年级学生在椅子上漆上各种美丽的图案。富有文化特色的教室布局，激发了学生的学习兴趣，无形中陶冶了学生的审美情操，引发他们对作品背后意义的思考。

图3-4 学生在"作业展示区"展示的两幅作品

3. 课时安排

三至六年级，每班每周 4 课时。北大附小剪纸课程既有课堂教学，也有每周二下午的兴趣小组活动，以及每天中午休息时间的自选活动。

4. 课程特色

课程立足于学生的直接经验和亲身经历，以学生的亲手操作、亲历情境、亲身体验为基础，强调学生的全程参与。每个学生通过观察、调查、设计、制作、试验等活动获得丰富的"操作"体验，进而获得情感态度、价值观以及技术能力的发展。教师在课程进行过程中，也能发现、培养在剪纸艺术方面突出的同学。

九、版画

1. 课程内容

该课程分为初级、中级、高级。对教材内容进行梳理、排序、拓展，同时融入简单的软板刻印、炫彩版画、染版画、KT 版画等，逐步提高学生对于版画的认识。

2. 实施方式

采用主题式教学，课内课外一体化。将课程单元化，建立课上课下、社团及常规课的衔接，在内容设置上互相联系。开发利用炫彩棒、吹塑板水印版画的方法，加上印制口诀，使学生们印制对版的难度大大降低，提升了他们学习美术的兴趣，也增强了他们的耐心及自信心。

3. 课时安排

三至六年级，每班每周 4 课时。

4. 课程特色

版画这一绘画和手工的综合训练，更加充分地体现出"五育并举"之功。学生们通过多元材料的应用、多元方法的尝试，探索多元版画的创作过程；在创作过程中，促进不同学科的融合，学生更有效地提升了综合素养；在版画创作中，通过动笔画、动脑创、动手做，用笔、刀、纸、胶、版、刷等工具，学生们乐此不疲，在创作作品的有趣玩耍中获得潜移默化的教育。学生们在逐渐走入趣味版画世界的同时，提升了自身的美术素养。

十、视觉思维课程

1. 课程内容

该课程内容以北大附小校园文化为资源开设，目前分为三个单元：诗情画意、最美校园、穿越时空的校园。诗情画意单元利用古诗词与艺术作品共通性促进学生意象表达，增加意象表现的情趣。最美校园单元利用多样的写生方式，培养学生视觉感受力和意象表达力，缓解造型心理压力，增加意象表现的情趣。穿越时空的校园单元，利用视觉思维解决问题（以项目设计形式进行），培养学生的综合视觉思维能力。三个单元层层递进，形成由视觉感知到意象表达的教学模块，促进学生视觉思维的发展。

2. 实施方式

该课程作为选修课，学生通过学校自主选课系统进行选课。以人文为主题的单元学习（教学）方式，基于视觉艺术，涉及多种学科（文学、音乐等），更遵循艺术学习的规律，培养"感知与体验""创造与表现""反思与评价"的艺术能力，促进美术核心素养的发展。

3. 课时安排

四至六年级，每班每周4课时。

4. 课程特色

课程的评价方法立足于生命发展课程，根据艺术课程形式与内容的多样化特点，采用了多元化的评价方式，注重过程评价，采用多维的评价内容和标准。参与课程学习的学生对视觉艺术有了深入理解，艺术表达上比较大胆、不拘泥于具象艺术，艺术作品更有创意。缓解了学生造型心理压力，增加了意象表现的情趣。大部分的选课学生在视觉思维水平方面均有提高，视知觉技能得到发展，开始形成对美术学科思维方式的理解。

课程通过调查问卷、实证研究、成长档案袋等多样的研究方法，收集了大量数据、实例等研究资料，对选课学生进行了实证分析、作品分析、调查感想分析等，证明其在教学实践中取得了显著成效。其中，诗情画意单元的学生成果如图3-5、图3-6、图3-7、图3-8所示。

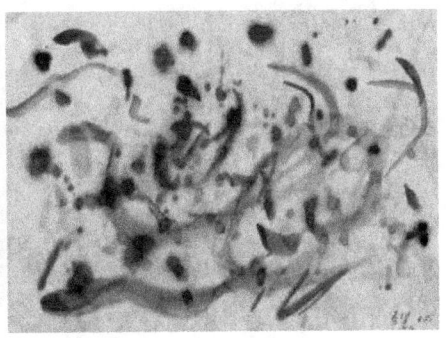

图3-5 古诗《春望》

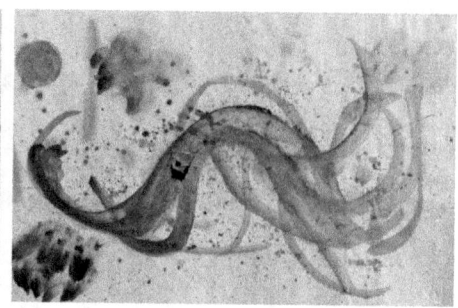

图 3-6 古诗《念奴娇·赤壁怀古》

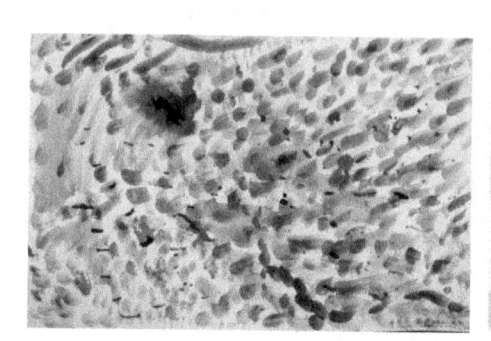

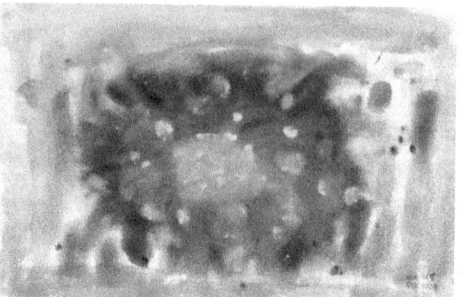

图 3-7 古诗色彩意象表达

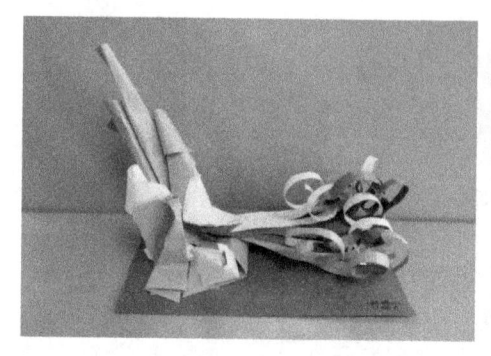

图 3-8 古诗空间意象表达

最美校园单元的学生成果如图 3-9、图 3-10、图 3-11 所示。

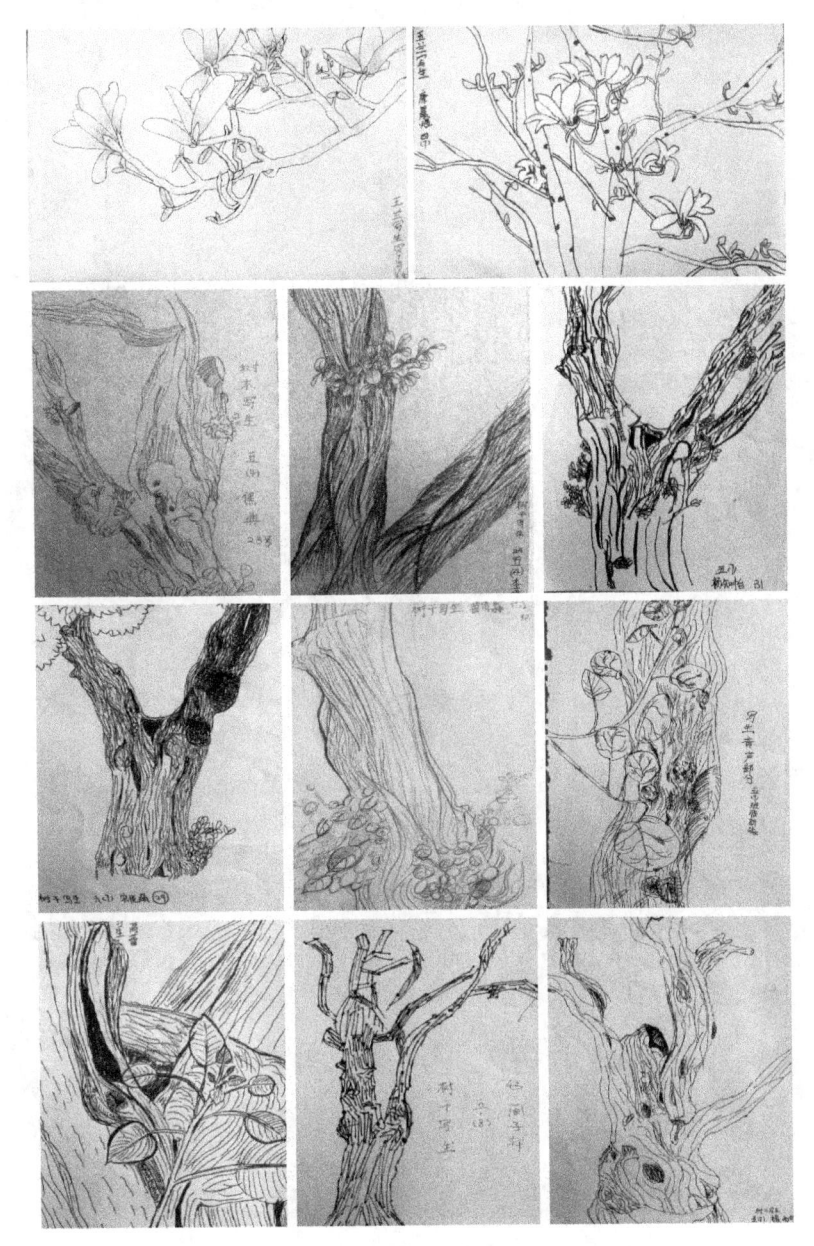

图 3-9 校园植物写生 1

图 3-10 校园植物写生 2

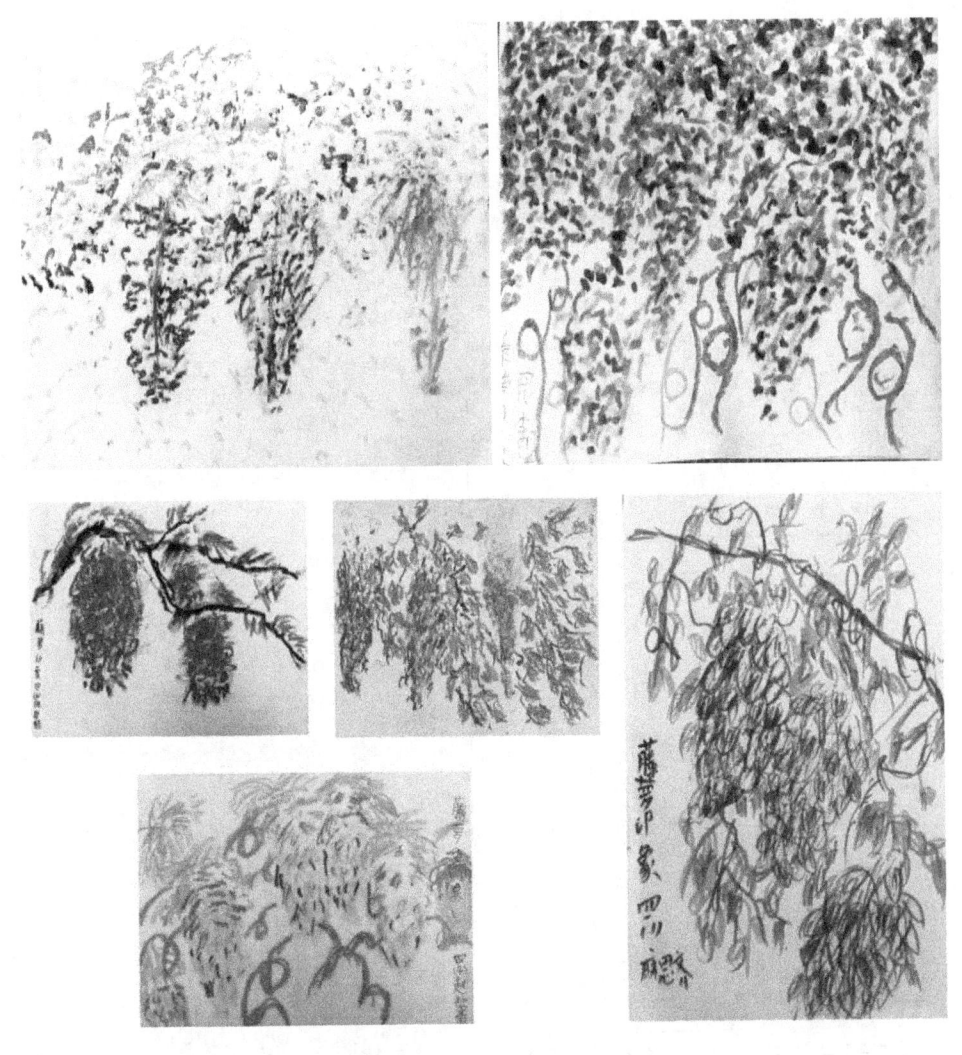

图 3-11 校园植物写生 3

此外，学生还在课后抒发了自己的学习感想（如图 3-12 所示），并将课程资料汇集成了学生成长档案（如图 3-13 所示）。

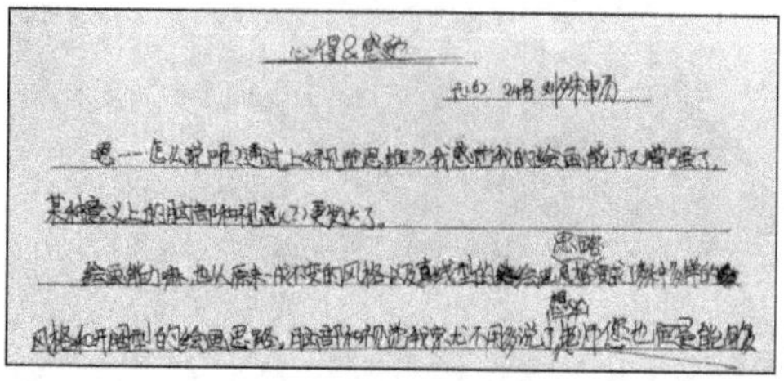

心得&感触

六(6) 24号 刘[illegible]

嗯……怎么说呢？通过上了视觉思维之后，我感觉我的绘画能力又增强了。某种意义上的[illegible]和视觉[illegible]更为大了。

绘画能力[illegible]，也从原来一成不变的风格以及[illegible]型的绘画风格[illegible]，[illegible]风格和开阔型的绘画思路。[illegible]和视觉我就不用多说了，[illegible]您也[illegible]能[illegible]

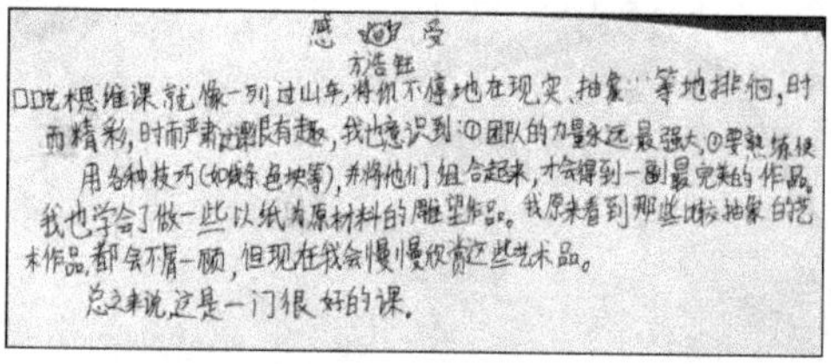

感 受

方浩[illegible]

视觉思维课就像一列过山车，将你不停地在现实、抽象等地徘徊，时而精彩，时而严肃，[illegible]很有趣，我也意识到：①团队的力量永远最强大，②要熟练使用各种技巧（如线条色块等），并将他们组合起来，才会得到一副最完美的作品。我也学会了做一些以纸为原材料的雕塑作品。我原来看到那些比较抽象的艺术作品，都会不屑一顾，但现在我会慢慢欣赏这些艺术品。

总之来说，这是一门很好的课。

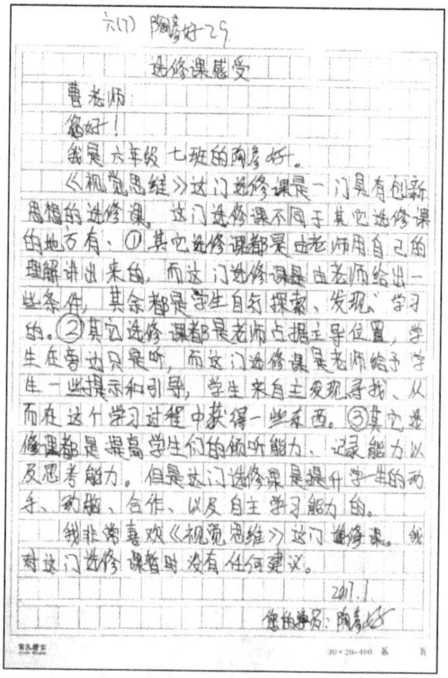

六(7) 陶[illegible]好 25

选修课感受

曹老师：

您好！

我是六年级七班的陶[illegible]好。

《视觉思维》这门选修课是一门具有创新思想的选修课。这门选修课不同于其它选修课的地方有：①其它选修课都是由老师用自己的理解讲出来的，而这门选修课是由老师给出一些条件，其余都是学生自行探索、发现、学习的。②其它选修课都是老师占据主导位置，学生在旁边只是听，而这门选修课是老师给予学生一些提示和引导，学生来自主发现寻找，从而在这个学习过程中获得一些东西。③其它选修课都是提高学生们的倾听能力、记录能力以及思考能力。但是这门选修课是提升学生的动手、动脑、合作、以及自主学习能力的。

我非常喜欢《视觉思维》这门选修课。我对这门选修课暂时没有任何建议。

2017.1

您的学生：陶[illegible]好

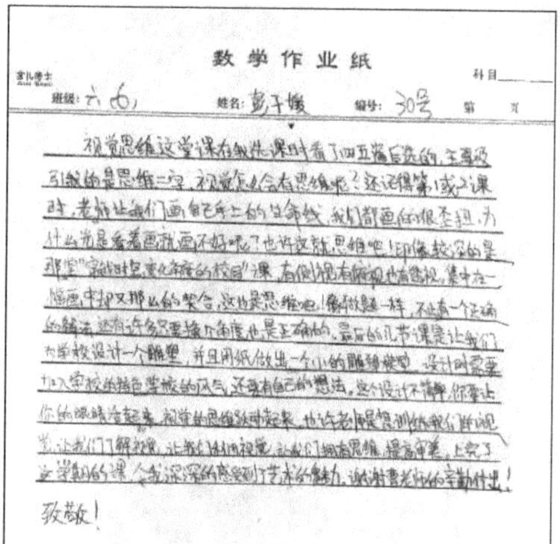

数学作业纸

科目＿＿＿

班级：六(6) 姓名：彭[illegible] 编号：30号 第 页

视觉思维这堂课在我第一课时看了四五遍后发现，主要吸引我的是思维二字，视觉怎么会有思维呢？还记得第1或2课时，老师让我们画自己手上的生命线，我们都画的很歪扭，为什么光是看着画就画不好呢？也许这就是思维吧！印象较深的是那堂“穿越时空，变化神奇的校园”课，有侧视有俯视也有仰视，集中在一幅画中却又那么的契合，这也是思维吧！像做数学题一样，不止有一个正确的解法，还有许多只要换个角度也是正确的。最后的几节课是让我们为学校设计一个雕塑，并且用纸做出一个小的雕塑模型，设计时需要加入学校的特色，学校的风气，还要有自己的想法。这个设计不简单，你要让你的眼睛活起来，视觉的思维跳动起来。也许老师是想训练我们的视觉，让我们了解视觉，让我们[illegible]视觉，让我们拥有思维，提高审美。上完了这学期的课，令我深深的感受到了艺术的魅力，谢谢曹老师的辛勤付出！

致敬！

——六(6)彭[illegible]

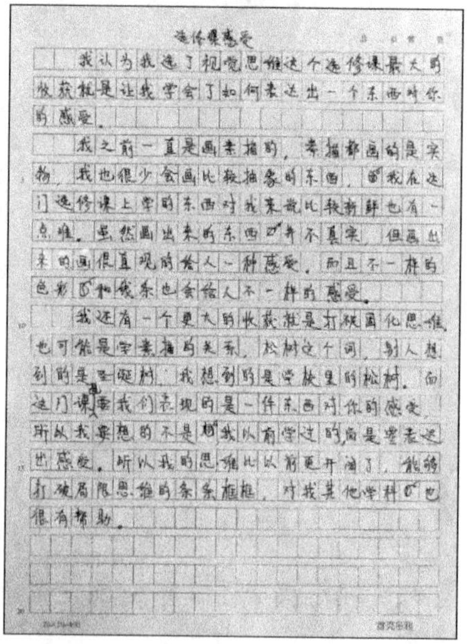

选修课感受

我认为我选了视觉思维这个选修课最大的收获就是让我学会了如何表达出一个东西对你的感受。

我之前一直是画素描的，素描都画的是实物，我也很少会画比较抽象的东西，而我在这门选修课上学的东西对我来说比较新鲜也有一点难。虽然画出来的东西并不真实，但画出来的画很直观的给人一种感受，而且不一样的色彩和线条也会给人不一样的感受。

我还有一个更大的收获就是打破固化思维，也可能是学素描的关系，松树这个词，别人想到的是圣诞树，我想到的是学校里的松树，而这门课要我们表现的是一件东西对你的感受，所以我要想的不是我以前学过的，而是要表达出感受。所以我的思维比以前更开阔了，能够打破局限思维的条条框框，对我其他学科也很有帮助。

图 3-12 学生课程学习感想

图 3-13 学生成长档案

十一、中国画

1. 课程内容

该课程融合多种传统文化领域，拓展学科的文化意义，深挖审美内涵，把传统的中国画教学方法融入小学课堂中，从画理、画论入手，以理论理解贯穿整个教学环节，通过研习画谱传承经典范式，引领学生追求高雅格调。教学融合了古代哲学思想、古文字学、古典文学、美学等内容的学习，培养学生的艺术通感和审美素养。在选择教学范本时，既选取名家经典作品，又注重作品立意，力求贴近学生的生活，使学生易于理解。

2. 实施方式

①师法自然。教师提供自然中动植物的不同生命状态，让学生体会和亲近自然，从自然中发现美感，总结造型和色彩特点。

②师法古人。通过引导学生欣赏古代书画作品，让学生感受传统水墨画的内在精神：以内心感受带动笔墨变化，最终抒发个人情感，体会并欣赏水墨之美。

③示范临摹。尝试通过中国画方式进行简单的艺术创造，旨在通过临摹体会古人的生活感受和思想情感。对古人人文精神的表达有一个完整的体会，体会初步的传统水墨文化内涵，并且能够结合自己的生活表现自我。

④反复练习。在重复练习中熟练掌握中国画技法，反复调整和感知笔墨状态，在实践中得到审美享受，同时磨炼意志力。

3. 课时安排

一至六年级，每班每周4课时。

4. 课程特色

坚持扎根于传统文化的传承与发展，理论学习与实践并举，以传统艺术作为出发点，培养开放的胸怀、国际的视野，达到以美育人的目标。"以大爱之心育莘莘学子，以大美之艺绘传世之作"，用传统的水墨丹青培养出心灵美、形象美、语言美、行为美的新时代少年。

中国画课程已编写了校本课程教材。教师相关论文发表在国家艺术核心期刊，多次获得国家、市、区奖项，教学课堂多次在市、区、校进行展示交流，得到了广泛关注。学生作品也多次获国家、市、区奖项。此外，学校组织了各种活动，给孩子搭建展示自己的平台，让教学成果有更大的交流空间，为后续的中国画教学工作提供更丰富的素材。

十二、舞蹈

1. 课程内容

该课程分为两大类，即针对全校学生的舞蹈普及必修课和针对拔尖学生的舞蹈拔尖课程。旨在让学生掌握不同的舞蹈组合或节目，如芭蕾舞、中国民族民间舞、中国古典舞、现代舞、街舞等。采用国际最先进的教学体系，教学顺序为：活动热身、软开度练习、核心素质练习、行进素质练习、舞蹈表演组合、即兴训练。

2. 实施方式

舞蹈普及必修课是北大附小生命发展课程中"健康艺术"模块的课程，践行了北大附小艺术教育理念"人人会唱歌，人人会跳舞"。其中"校园交谊舞"是重要的一门课，通过将古典"礼乐"精神内核与现代交谊舞形式相融合，以审美与艺术的形式来涵养个体的道德人格与伦理属性，形塑学生们优雅、健康的外部形体与内在气度，促成和睦融洽而又有礼有序的学习共同体，从而普及艺术素质教育，培养学生人格全面发展。

舞蹈拔尖课程则坚持"科学训练与美育教育相结合、普及与提高相结合、课内与课外相结合"的培养模式。学习的舞蹈有傣族舞、新疆舞、蒙古舞，以及当代舞《给我一双翅膀》、爵士舞 What time is it 等。

3. 课时安排

三至六年级，每班每周 2 课时。

4. 课程特色

北大附小的舞蹈课程在设置上兼顾整体和个体、普遍与特殊。舞蹈普及必修课让附小的每个孩子都会跳舞、爱跳舞。舞蹈拔尖课程培养出一大批热爱舞蹈、学有所长的优秀学生。在课程实施上，通过寓教于乐的美育手段，培养孩子们有礼有序、优雅大方的风貌仪态，最终使学生达到形体之美与涵养之美。经过本课程训练的学生均以较高的成绩录取进入中学舞蹈团，如北大附中舞蹈团、清华附中舞蹈团等。舞蹈拔尖学生多次参加各种交流与演出活动，其中集体节目曾荣获全国第六届舞蹈大赛小荷风采金奖、海淀区艺术节群舞展演二等奖、海淀区校园集体舞展演二等奖、国际青少年大师课（北京站）最佳团队奖等。学生个人节目参与海淀区艺术节个人舞蹈展演，多人获得一等奖、二等奖、三等奖；个人节目获得国际青少年大师赛最佳舞者等荣誉称号。北大附小的舞蹈精英代表学校先后出访美国、法国、奥地利、新西兰、新加坡、马来西亚、印度尼西亚等国家，表演获一致好评。

十三、合唱

1. 课程内容

该课程首先让学生进行呼吸训练。气息是发声的动力，只有掌握正确的呼吸要领后，才能获得理想的声音。掌握呼吸要领后让学生进行发声训练。在发声训练中注意结合咬字吐字进行练习。当咬字唱词训练有了一定基础之后，才进行合唱训练。视唱练耳是学生在音乐学习过程中必须掌握的基本功，视唱练耳也是学生感知和感受音乐的基本途径，不仅能够提高学生对于音乐节奏、音程等的感知能力，而且能够培养学生的音乐敏感性。此后，根据学生的练习情况，由易到难地选择适合孩子们演唱的轮唱作品以及中外合唱作品。

2. 实施方式

①通过不同的发声练习来规范学生的声音，进一步提高学生的演唱水平和演唱技巧。②提高声部的齐唱能力，先要提高学生的基本功，训练重点巩固中声区，实现用声上的响而不噪、轻而不虚、高而不挤、低而不压，做到合唱声音上的和谐、平衡统一。③加强音准、节奏的训练，同时也要加强扩大音域以及咬字、吐字、幅度变化等方面的训练。④通过练唱中外少儿合唱歌曲，来提高学生的音乐修养和自身素质。如《白鸽》、*Do Re Mi*、《癞蛤蟆和小青蛙》、*The Moon*、《放牛班的春天》《雪花的快乐》《青春舞曲》、*Libertango* 等。

3. 课时安排

三至六年级，每班每周2课时。

4. 课程特色

音乐课程基于学生的成长规律和学习规律，以循序渐进的方式来锻炼学生的演唱能力和技巧，使学生获得扎实的基础。除了基本功的练习，也通过练唱、比赛等方式提高学生的音乐素养。此外，合唱课程的目的不仅在于培养学生的音乐素养，更在于培养一个全面发展的人，在和谐、平衡、统一的合唱艺术氛围中，培养学生对音乐的感受力和创造力，同时也增强了学生的团队合作意识。合唱课程既面向群体，也重视个体差异，对不同学生给予不同的要求和切合实际的指导。

第四章
创新型人才培养的教学范式

第一节 立足创新思维培养的教学范式

创新力是一种综合性能力。小学生的创新思维培养，主要以体验教育、实践教育和活动教育为主。小学生用自己的感官系统直接接触身边所有事物、以心灵感知自然万物，是保持童稚心、保护好奇心、保证动力源的主动实践，更是创新思维培养的必要前提。

一、思维培养的教学范式

教学范式是指人们对教学这一特殊的社会现象和复杂的实践活动的基本理解或根本看法。现代教学是一种多元复合范式的活动，任何一种单一的观点都无法从本质上对其进行全方位的解释和把握。经过长期的实践探索，教育界基本形成了艺术范式、科学范式、系统范式、技能范式和反思范式五种教学范式。

教师应该树立教学是一种复合范式活动的新理念，坚持用多种视角对教学进行整体把握，用多种维度对育人进行丈量，以便从系统整体的角度去理解教学过程各因素的相互关系，从艺术的角度去体验渗透于教学活动之中的情感与美感，从科学的角度去审视有规律的教学活动过程，从反思的角度去检视教学理论的应用与教学实践的效果，从能力的角度去理解教学专业化发展的根本途径，从素养的角度去审视学生全面发展、个性发展的育人实效。

教学范式对教学实践活动有着深远的影响。怎样理解教学，就怎样进行教学；有什么样的教学范式，就有什么样的教学实践。培养创新思维的教学范式，本质上是为学生构建一种多元、开放、包容的立体生命课堂和综合教学形式。培养创新思维的立体课堂，是教学内容、教学方法、教学篇幅、教学实践和教学主次的立体化呈现。在具体的教学过程中，北大附小立足于学生的本真和童稚，建构了多元化的教学方式，培养学生的创新思维。

二、学玩合一的教育思想

在培养创新型人才理念的引领下，北大附小生发出"学玩合一、情志交融"的系列教学创想与实践。

学校在教学中渗透儿童化、生活化、游戏化、综合化思想，立足创新教育"观""感""习""通""化"的内在发生机制，结合"专心地学习，痛快地游玩"校训，创造性地提出"融—玩—创"三位一体的创新思维培养的教学范式。"融"即学科融合、生活实践、社会拓展；"玩"即玩出快乐、玩出情感、玩出志趣；"创"即创意取材、创意教学、创意表达。三者的交叉渗透融合，实现"学玩合一、情志交融"的创新思维育人功能。

北大附小的教学崇尚自然之美，始终以孩子为中心，课程设计的理念有综合的、深远的育人价值，为孩子的终身幸福发展着想。培养创新思维的教学，内容上纵横开阖、博大精深，方法上拿捏得当、张弛有度，这是对教学的要求。好的教学总是非常舒服、非常自然的。这里的"自然"包括对内容的理解与引申，从文本出发，通过"跳高"的对话方式、"跳高"

的情感方式，告诉孩子如何表达情感，如何理解人品。另外，讲课者的腔调，语言表达的准确性，情感的分寸感，对课文恰如其分的分析，环节之间的过渡，乃至讲课者的动作幅度，以及着装是否得体等，都是非常重要的。一名教师讲课的功夫，往往就是拿捏"自然"的功夫。当一名教师方方面面都达到这个境界时，他的教学修养也就到了很高的境界，学生的创新思维也会相应地激发、提升、升华。

三、情志交融的生命华章

北大附小教学的宗旨正如《北大附小三字经》中所言："顺其性，驰其想。"顺其性的"性"，是指人与生俱来的特质。顺其性，是要顺应每个儿童特有的天性。之所以说"特有"，是因为作为群体，儿童与成人不一样；之所以说"每个"，是因为作为个体，儿童与儿童也不一样，每一个生命都是独特的。

正是基于对儿童天性的认知、对教育价值的追求，我们不断思考、实践，创造性地提出"三位一体、五感化育"的创新课堂教学范式。这一教学范式总体上可以概括为：①学生成长层面，"融—玩—创"为一体的创新思维发展模式。"融"是创新思维培养的前提与基础，我们尝试打破学科间的壁垒，贯通课堂学习与生活实践，建构知识间的关联，从而引导学生在生活中学习、在学习中思考，情志交融。"玩"是创新思维培养的路径与方式，就是尝试营造轻松的学习氛围，尝试运用鲜活的教学形式，进而突出学生学习的主体地位，提升学生学习的兴趣和积极性，从而让学生在快乐的氛围中自主地学习，进而激发学生的创新思维。"创"是创新思维培养的呈现与实践，就是尝试引导学生形成研究的学习态度，养成深度探究的思维习惯，并且激发学生的创造灵感，让学生在学习中获得强烈的效能感。②教师引导层面，"观一感一习一通一化"为实用的五感化育成长模式。"观"是化繁为简的趣味学习模式，"感"是增强体验的沉浸学习模式，"习"是崇礼求新的经典研习模式，"通"是就地取材的拓展学习模式，"化"是创新思维的项目整合模式。

第二节 "研—融—创"一体的教学体系

一、"研—融—创"三者之间的关系

北大附小在教学改革实践中形成了"玩"中教的特点，开创了"研—融—创"一体的教学体系。大体而言，"研—融—创"，既是教学体系的方法策略，也是教学体系的表现形式。"研"促进"学"的兴趣，"融"优化"学"的境界，"创"提升"学"的层次。从"研"到"融"，体现了知识边界、学科边界、思维边界的贯通，体现了身与心、情与理之间的融合。"融"是提升"创"的层次境界的前提。从"研"到"创"是玩中学、做中创的一种知识和方法探求的心理过程，从"创"到"研"是一种心理的激励，在课程学习中获得快乐。这样实现良性循环，让学生在研究的实践中求索融合的途径，在融合的前提下提升创新的层次，在创造的趣味中寻求研究的灵感。

二、关于"研"的阐释

在教学活动中,教师和学生的情感都应得到满足。具体地说,在教学实践中,教师用令人愉快的、令人陶醉的、令人振奋的教学形式,引导学生在情感得到满足的情况下进行学习活动,使得学生自主自愿地学习,以达到"润物细无声"的教学效果,才能更有效地进行培养创新思维的教学。在教学中,"研"既是就教师而言的,也是就学生而言的。一方面,教师只有对学生、课程标准、教材、教学目标和教学内容等进行系统和深入的研究,才能更好地实施教学,从而促进学生的学习,帮助学生实现全面发展。另一方面,"研"来源于"学"的需要,也激发了"学"的强烈内在动机,是学生"玩"的更高层次的形式,只有通过"研",学生才能玩得轻松、玩得有趣、玩得高效。

1. 用轻松氛围酝酿创新思维

氛围虽然看不到、摸不着,却能让人真切、实在地感受到。课堂上良好的氛围,有助于增强学生的学习兴趣,调动学生学习的积极性。这种良好的氛围,对于学生的学习而言,无疑是一种美,它能引导学生在愉快的学习氛围之中沉浸,身心愉悦地投入学习,为培养其创新思维打下情感基础。

以一堂学习"ir/ur/er"的英语语音课为例。长期以来,字母拼读法一直是国外培养和提高学生英语阅读能力普遍使用的方法。在美国小学低年级英语教学的初始阶段,最基本的阅读能力培养是从讲授字母拼读法开始的。在教学过程中,教师不是向学生讲授国际音标,而是向学生讲授英语拼读与拼写关系的基本规则，让学生可以看到一个英语单词就拼读出来，或者能想到一个单词就拼写出来。通过学习和掌握单词的基本拼读规则，不断扩大词汇量。

这堂语音课上，教师运用多种方法，让学生在轻松活泼的氛围中学习，极大地提高了学习效率。兴趣是点燃智慧的火花，是学习的持久动力。学生一旦有了兴趣就会不知疲倦，越学越爱学。在这堂课上，由于充分调动了学生的学习兴趣，所以很显著的特点就是教师教得轻松，学生学得愉快。

以下是本节课的教学过程。

Step 1：热身活动

演唱歌曲：*A sailor went to sea, sea, sea*。

借助一首活泼有趣的英文歌曲，让学生在唱歌的同时跳起滑稽的舞蹈。这么做的目的是：让师生相互熟悉，同时让学生感到接下来的课程会同样精彩而有趣，因而充满了好奇。

Step 2：分组及导入

A sailor went to sea, sea, sea 这首歌曲结束后，教师利用分组竞赛卡，将全班分成鲨鱼和鲤鱼两个组，各组成员的优秀表现可以为本组加分，到本节课结束时，获得分数最多的小组为冠军。

介绍完评价方式后，学生听教师讲述关于乌龟过生日的故事。

T: Today we are going to learn something interesting. Can you guess whose birthday it is today?

教师问一个学生：Is it your birthday?

S1: No.

教师再问另一个学生：Is it your birthday?

S2: No.

T: Whose birthday is it today?

教师边问边出其不意地从讲台后扔出一个东西，在一片惊讶声中，大家认出这是一只乌龟。教师适时地问道：What's it?

Ss: Turtle.

T: So today is ...

Ss: Turtle's birthday.

T: Turtle is very happy. Look! This is a ...

教师再拿出一个教具蛋糕，学生齐答：A cake.

接着，教师开始讲故事。

T: Turtle is wearing a skirt. And turtle is wearing a sweater. Here comes her friend, bird. The bird says 'happy birthday' to turtle. Let's sing *Birthday Song* together for Turtle.

学生齐唱《生日歌》。

此处复习《生日歌》主要是为了在最后环节中请学生利用《生日歌》的旋律演唱本课所学字母组合及重点词汇。

Step 3：新知学习

（1）首先介绍并学习两个功能句

① What sound do the letters ＿＿ make?

＿＿ make ＿＿ sound.

② Which _____ ?

_____ of _____ .

以上两个功能句主要是让学生在学习的过程中能够用英文进行表达。例如：What sound do the letters ur make? Ur make /ur/ sound. Which /ur/ ? /ur/ of turtle.

（2）通过 PPT 课件教授各个字母组合

教授字母组合 ur 的发音：

①引入第一个单词 t___tle，去掉了单词中的 ur 字母组合，然后让学生猜猜看缺失的是哪两个字母；

②配合乌龟的图片让学生巩固认识 turtle；

③带领学生通过字母拼读法读出该词：t-ur-tle → turtle；

④进一步强调 ur 的发音为 turtle — /ur/；①

⑤老师使用功能句提问：

T: What sound do the letters ur make?

S: Ur make /ur/ sound.

T: Which /ur/ ?

S: /ur/ of turtle .

⑥展会示更多的词汇让学生练习 /ur/ 并正确读出单词：fur, purse, hamburger, hurt, nurse 等。

教授字母组合 ir 的发音：

---

① 在字母拼读法的教授过程中，尽量不出现音标或其他符号，以免干扰学生。

①教师利用课件展示 b___thday，请学生猜猜缺失的部分；

②展示字母组合 ir，带领学生读出该字母组合，将其放至横线上，使单词完整；

③通过字母拼读法读出完整单词：b-ir-th-day；

④教师通过功能句让学生说出字母组合 ir 的发音规律；

⑤通过更多词汇的练习，学生充分掌握字母组合 ir，如：skirt, bird。

教授字母组合 er 的发音：

①直接展示字母组合 er，带领学生读出，并用手势向学生暗示该组合为短元音；

②请学生想一想，哪些单词中带有字母组合 er；

③根据学生所提供的信息，教师展示 sweater, her, tiger, water 等词汇并带领学生读出，同时强调 er 的读音。

Step 4：巩固活动

（1）闪卡游戏

将本课所学的字母组合及单词卡放在一起，请学生快速读出相应的单词或字母组合发音。闪卡活动简单易操作，主要是为了帮助学生巩固所学的字母发音，同时也是为了训练学生"看到即能读出"的拼读能力。

（2）It's your turn!

该活动利用所学功能句：—Which ir/ur/er? —The ir/ur/er of ... 请学生通过句型说出所学字母组合，目的是让学生利用规律将字母读音应用到实际的单词中，通过快速的分析，准确说出字母组合在单词中的读音。

（3）教师利用所学字母组合及单词再次讲述故事，在讲故事的同时强调字母组合在单词中的发音。讲完故事后，教师利用自己创作编排的音乐，将故事变成一首简单易唱的说唱歌谣，并请学生一起跟唱。在跟唱的过程中，学生既巩固了所学的语音及词汇，同时也掌握了整个故事，记忆力较好的学生还可以当场将该故事唱出来。

Step 5：拓展练习

教师为学生发放拼读练习纸，请学生通过听，写出相应的字母组合，将练习纸上的单词补充完整。

Step 6：小结

本节课的开始，教师请全班学生为乌龟齐唱《生日歌》，而在本课的结尾部分，教师将《生日歌》改编成语音复习歌，学生在唱《生日歌》的同时，通过朗朗上口的歌曲再次巩固了该课所学的字母组合及主要词汇，也呼应了本课的主题：Turtle's Birthday.

u-r, ur, ur, turtle.

i-r, ir, ir, birthday.

e-r, er, er, sweater.

Happy birthday, turtle.

这堂课中，教师使用启发式教学的方式进行授课。启发式教学是英语教学的出发点，也是英语教学的归宿。字母拼读法是一种典型的启发式教学。它向学生传授英语单词拼读规律，充分体现了启发式教学努力倡导的"教师为主导，学生为主体"的教学原则。教师讲授字母拼读法的规律，让学生在学习英语的过程中，借助字母拼读法的规律，自己发现问题、分析问题和解决问题。

同时，本节课通过一系列的教学活动，让学生在活动过程中形成积极的学习态度。另外，教师还专门为该堂课编配了音乐伴奏及歌谣，希望能够借此让学生更好地掌握该课的主要句型及句型中出现的语音规律。在听与说的活动中，学生能够有意无意地吸取信息、活跃思维、掌握技能，通过对语音规律的掌握激发起学习的兴趣，培养灵活运用语言的能力。总之，该堂课的设计力求为学生营造一种轻松、愉快、和谐的语言学习氛围，采用形式多样的课堂活动，利用多媒体提供比课本更生动、更真实的情景，使学生更好地获取、处理和使用信息。

2. 用有趣形式激发创新思维

"卓·悦英语"是我校倡导的英语课程名。英语课程团队认为我们期待的英语学习应该是一件快乐的事情，课程核心是"愉快的心理体验"，所以课程名称定为：Joy English。但随后的多次讨论中，老师们发现"快乐"不应该是我校英语学习的唯一目标和核心。"快乐"仅仅是课程外显的一种心理体验，但我们对课程资源的选取和内容架构、对课堂教学的设计和思考，已经远远超越了单纯的"快乐"，融入了对学生思维方式、交际能力、文化意识等全人生命发展的考量。于是，英语团队从 Joy 的谐音出发，结合学校生命发展课程的理念和目标，将英语课程名改为中英文结合的名称，即"卓越英语"（Joy English）。这里的"卓越"就是对学生的超越学科界限、全人发展的期待和美好愿望。然而，在后来的交流和讨论中，英语团队发现大家习惯性地只用中文"卓越英语"来指称英语课程，省掉了英语名称部分。这样的称呼虽然没有歧义，却失去了我们构建课程的出发点——感受英语学习的快乐。同时，专家和同行也对课程中的"卓越"一词提出了质疑,认为这个词过大,不适合小学教育。后来的团队讨论中,老师们也认为以"卓越"这个词来命名英语课程有咄咄逼人之感,因为我们的英语课程目标不是让每一个学生都成为社会的精英,而是让每个孩子成为最好的自己,希望他们小学六年的英语学习是不断超越自己、超越过去,做出色的、最好的自己的愉悦历程。为此,我们选取了"卓越"的谐音,将"卓"字保留,"越"字则用"悦"替代,突出"愉快体验"的目的,最终形成了"卓·悦英语"。

"卓·悦英语"提倡用游戏的方法来吸引学生,激发学生的学习兴趣,进而让学生在美的形式、美的方法中游戏、学习。泰戈尔说过:"一切教育都是从我们对儿童天性的理解开始。"活泼好动是孩子的天性,他们比成年人更具模仿力和创造力,他们非常需要通过充满生命力的多样化活动激发学习兴趣和刺激记忆效果。因此,在北大附小的英语课堂中,我们努力让孩子多玩一玩,做一做,演一演。

(1) 玩中学

英国有一句谚语:Education must be fun. 说明兴趣是学习的关键,激发学生学习英语的兴趣是小学阶段英语教学的一项重要任务。在英语教学中恰当地运用游戏,能够调节课堂气氛,引导学生积极参与课堂教学活动,有利于培养学生的兴趣,使课堂变得生动、有趣,符合"乐学"的原则。游戏可为学生营造一种轻松愉快的学习环境,没有课堂压力,在愉快的活动中,学生就掌握了学习内容,更不必担心在游戏中犯错,能够从容面对一切。教师根据教学目标及教学内容设计的游戏,指导起来轻松,学生学起来愉悦。下面以我们的课堂中常见的几个游戏举例。

①翻卡片

在复习新词时，幻灯片上用不同颜色的图片盖住所学新词，学生任意挑选其中一张图片并翻开。如果翻开的图片是课本所学单词，学生要用所学句型回答，如 I can see a bird，答对给小组加 3 分；如果翻开的图片是颗炸弹，小组减 3 分；如果翻开的图片是水晶，则给小组加 2 分。该游戏不仅能极大地吸引学生们的注意力，还能帮助学生在句中复习新词，提高了学生的学习兴趣。图 4-1 是翻卡片游戏示例。

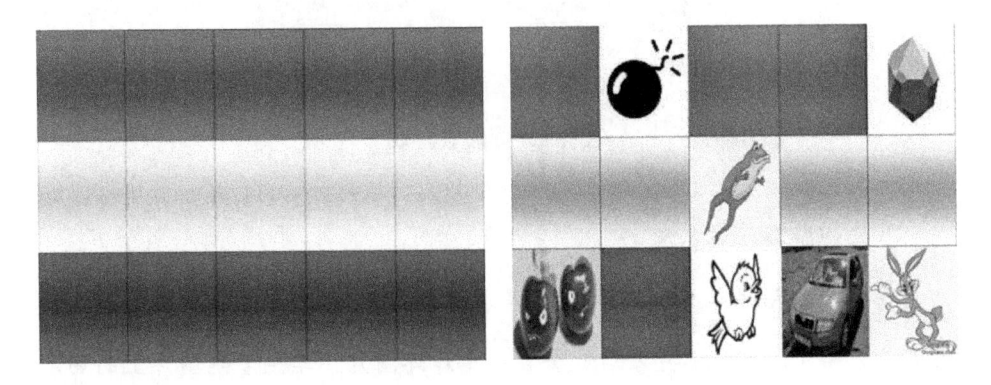

图 4-1 翻卡片游戏

②掷骰子

掷骰子游戏通常为 2—4 人一组，扔骰子者按照点数走到相应的格子，并说出图片中物品的名称（如图 4-2 中的食物或其他物品名称），如答错则要退回到之前的格子中，看谁最先到达终点。学生在游戏过程中，愉快地玩着，轻松地学着。

图 4-2 掷骰子游戏

③炸弹游戏

在复习英语词汇时，炸弹游戏是教师经常采用的一种游戏。教师准备PPT或者卡片，几个图片之后就会放一个炸弹图片，学生看到图片上的词汇要大声说出来，碰上炸弹要立刻捂住自己的脑袋，如果没有捂住自己的脑袋，说明被炸弹炸到了，本轮的游戏就不能再参加了。此活动在集中学生注意力的同时，帮助学生复习了所学词汇。课堂上还可以采用十字炸弹游戏。例如：教师叫一个学生读一读新学的单词时，他前后左右的人都要站起来同时回答，或者是整个一排和一列的人都要站起来同时回答。叫学生回答问题也可以使用此方式，教师叫到一个学生的名字，这个学生所在一排和一列的人，谁站起来最慢，谁来回答问题。此游戏不但调动了学生的积极性，而且能够集中每个学生的注意力。

④ Mafia "杀人游戏"

"Mafia"（黑手党）改编自经典游戏"杀人游戏"。教师先将所有的描述性语言改编成英文。Judge: It's getting dark now. Everyone, close your eyes, please. Mafia, open your eyes. Kill someone. Mafia, close your eyes. Everyone, open your eyes, please. ×××, you are dead. Can you guess who Mafia is and why?

S1: I think ××× is the Mafia. Because… (He/She is strange/funny… He/She smiles strangely. He/She is silent now, but he/she was not.)

S2: I'm not Mafia. Because I…

Judge: Can you guess who Mafia is and why?

S3: I think ××× is Mafia. Because…

Judge: Everyone, raise your hand if you think ××× is Mafia. ×××, you are dead.

在这项游戏中，"法官""杀手""死者"和"平民"都由学生来担任，教师和学生一起参与游戏，在猜疑、误判、被杀等惊险、刺激的过程中，在锻炼学生观察力、想象力、判断力的同时，提高学生的英语表达能力。

⑤肢体语言

A.介词 in/on/under 是小学常见的基础词汇。在学习这几个介词的过程中，教师通常会利用一些图片和实物提问，如：Where is the pencil? Where is the book? 教师认为当学生回答出"The pencil is in the pencil-case. The book is on the desk."时，他们就是在运用介词了。但是这种运用略显被动，而且参与的学生只是少数反应比较快的学生。现在教师们采用的是新的教学方式，例如讲介词 in 时，教师会把一个手指放在嘴里说：Look! My finger is in my mouth.

然后为学生布置任务：Now, can you find something "in"？学生会尝试各种各样的 in，有的学生会举起自己的一只脚说：My foot is in my shoe. 还有的学生会努力地把自己的脑袋"塞"进课桌洞里说：Look, my head is in the desk. 讲介词 on 时，有的学生会噘起嘴巴，把一根铅笔放在嘴巴上说：My pencil is on my mouth. 有的学生还会把橡皮放在鼻子上：My eraser is on my nose. 学生灵活运用自己的肢体语言，趣味十足，记忆更加深刻。

B. 在低年级讲句型时，通常的做法是借助 PPT 图文匹配或板书来展示给学生，形式比较单一，学生也不太感兴趣。在我们的课堂上，教师会参与学生的活动，和学生一起表演，在模拟真实情境的过程中帮助学生理解句子的意思。

例如：教师在低年级讲"I am sliding on the slide."的时候，自己当滑梯，让学生坐在自己的身上滑下来，学生在玩的过程中学会了新句型，也理解了该句子的意思。

教师在低年级讲"The monkey is climbing up the tree."时，教师扮演大树，张开的双臂当树枝，学生当猴子，挂在老师的胳膊上。学生亲身体会了一下爬树的过程，理解了句子的意思。

（2）做中学

杜威认为，"在做事里面求学问"，比"专靠听来的学问"好得多。学校课程的真正中心应是儿童本身的社会活动，儿童应"从做中学"，从自身的活动中去学。为此，他提出要以生活化和活动教学代替传统的课堂教学，以儿童的亲身经验代替书本传授。

北大附小目前使用的教材中，每个单元都有一个 Project（动手做）活动。例如二年级课本中第四单元"My Community"的"动手做"内容为：Make a classroom town. 学生用纸盒子来制作教材中出现的各类建筑物，如 movie theater、toy shop、restaurant 等。当学生将这些"建筑物"带到课堂上时，先以小组为单位搭建社区，学生分别说说各自社区中的建筑物，然后，用本课的学习重点 next to 和 between 两个方位介词，再加上教室里学生制作的实物图片，描述建筑物所处的位置。图 4-3 是教材 Project 环节图示。

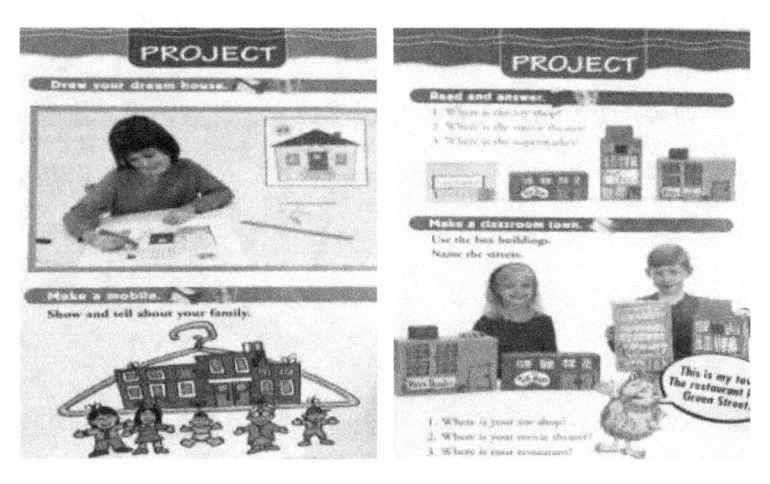

图 4-3 教材 Project 环节

总之，美的形式、美的方法让学生更加喜欢英语学习。学生在新奇的形式中学习，在有趣的方法中玩乐，沉浸在"玩"的形式中体会学习的乐趣。

3. 用教学策略刺激创新思维

北大附小博雅语文课程注重以"博吸收，雅呈现"的教学策略主导教学。低年级语文教学的目标侧重于"博吸收",帮助学生从各个方面、运用不同方法吸收足够的养分,中高年级的侧重点则开始向"雅呈现"过渡。一年级"绘本之旅"激发阅读兴趣,二年级"桥梁书""毛毛虫咬书"训练阅读习惯,三四年级"亲子阅读"培养家庭阅读氛围,五六年级"思维导图"提高阅读能力。每一个阶段都承载着重要的任务,更是为今后孩子的厚积薄发打下坚实的基础,为今后的口头表达、书面表达等语文能力积累养分。

(1)"博雅阅读"核心策略

"博雅阅读"是"博雅语文"拓展类课程之一。它面向一至六年级全体学生,是博雅语文课程中拓展学生阅读视野、着重体现"博吸收"这一课程理念的重要课程。在这一课程的开发与实施过程中,我们基于以下三个视角形成"博雅阅读"课程的核心策略:

①依托教师既有实践性经验,横向形成活动为纬、班级共读的读书推广策略;

②基于对学生真实的阅读状态与阅读兴趣的分析,纵向形成课堂为经、策略指导的整书阅读研究;

③依据家庭阅读现状与童书出版、阅读实践等多种因素,开发适合北大附小学生阅读、内容多元、品味高尚的"博雅书库",形成动态开放的阅读资源开发策略。

(2)"博雅阅读"课程实施策略

以上分析,实质上为我们呈现了"博雅阅读"课程设置中的一个整体路径,即:纵横开放,立体阅读;策略指导,阶梯发展;学科共推,阅读共建。

"博雅阅读"的课程目标，首当其冲指向培养学生的终身阅读力。我们知道，"阅读力"的形成不是一朝一夕草就，它必定是一个漫长、复杂而综合的过程。

培养"阅读力"的过程中，老师们方法众多、风格不一，创意百出、别具一格。这些丰富多样的具体方法属于微观层面，这里我们不展开讨论，而是将课程策略定位于课程设置中的中观层面。

将"整书策略导读"，作为"博雅阅读"教学中的一个重要原则，是基于以下几个方面的考虑：首先，信息时代对个体阅读能力的要求与日俱增。尤其是当前，大数据时代的来临，将会使我们的阅读发生前所未有的变革，碎片化阅读、快速筛选阅读、信息提取化阅读……其次，汉语作为我们中国人的"母语"，其学习过程与其他语言学习有很大的差异。汉字的整体图像吸纳与汉语言学习历来重整体感悟的特点，决定了我们读书要注重整体阅读。最后，我们的"母语"有其数千年深厚的文化土壤，因此，语文学习必然要根植于中华文化之中。

正因为有着以上这些分析判断，我们在进行博雅阅读分层教学的团队研究中，形成了重策略、重整体、重导读的"整书策略导读"原则，期待从另一个角度去体现"博雅语文"课程"博吸收"理念的科学性。下面以二年级桥梁书导读课《不会说"不"的老鼠》来展示"整书策略导读"在博雅阅读教学中的分层运用。

①从课程目标到教学目标，体现"整书策略导读"的原则

桥梁书导读《不会说"不"的老鼠》是二年级"跨越桥梁"课程中的

一课。这一课的教学目标为：A.帮助学生通过想象，进入角色，了解内容。B.引导学生依赖自己的生活经验，在情境中理解"学会与人沟通很重要"。C.指导学生在读书过程中初步了解一些阅读策略，用以指导自己的独立阅读。

上述教学目标设置基于阅读课程目标的整体设置：A.通过培养阅读的兴趣，保持持续的阅读动力与形成自主阅读的习惯。B.借助绘本图文结合和拼音读物的"桥梁"形式，帮助学生顺利过渡到纯文字书的独立阅读。C.阅读策略注重：观察、想象、推测、比较、关联。

上述教学目标设置，皆体现了博雅阅读中"绘本之旅""跨越桥梁"课程目标在设置中的重策略、重导读原则。

桥梁书导读《不会说"不"的老鼠》阅读教学案例

教学目标：

1.帮助学生通过想象，进入角色，了解内容。

2.引导学生依赖自己的生活经验，在情境中理解"学会与人沟通很重要"。

3.指导学生在读书过程中初步了解一些阅读策略，用以指导自己的独立阅读。

教学重点：

1.指导学生在读书过程中初步了解一些阅读策略，用以指导自己的独立阅读。

2.引导学生依赖自己的生活经验，在情境中理解"学会与人沟通很重要"。

教学难点：

指导学生在读书过程中初步了解一些阅读策略，用以指导自己的独立阅读。

学情分析：

1. 整体阅读水平的分析：北大附小二年级上学期的学生，目前的识字量已达到近一千个常用字。一般来说，基本可以阅读普通的拼音文字书籍或简单的纯文字绘本、小故事，整体的阅读水平和阅读心理发展与"桥梁书"的文本特点相吻合。当然，也有一小部分孩子阅读能力低于或超过整体。

2. 阅读兴趣策略的分析：学前的阅读活动，加上近一年半的小学阅读兴趣培养，学生们普遍热爱书籍，阅读的积极性较高，已有初步的阅读量和阅读能力。知道读文图结合的书籍时，可以根据画面、情节发展运用"推测"策略。

3. 整书指导策略的方向：为了让学生读书的热情持续下去，并形成习惯，需要在读书策略上进行有意识的指导，使他们学到方法，在接下来的阅读中更有信心，知道怎么读这样的书，愿意挑战文字更多的桥梁书或其他书。

教学时间： 一课时

教学准备： PPT；桥梁书、绘本、儿童小说等各类书籍。

教学过程：

课前谈话：

很高兴能和二（1）班的同学们一起上课，刚才见面的时候，我发现咱们彼此有一个共同点——爱读书！大家看，王老师今天带了许多书，正好能和大家交流交流。

看，这是什么书？谁读过？很多同学上学前就和爸爸妈妈一起读过不少这样的书，这里面图多字少。再看这本书，发现什么了？（书厚了、都是字）这样的书，是同学们进入中年级后要开始读的。再看这本书，是介于刚才两种书中间的一类书——桥梁书，是特地为你们这样大的同学准备的，它可以帮助我们尽早从读绘本、拼音书，过渡到中年级自己读这种文字更多的书。

一、现场共读，初识主角

1. 今天，咱们一起来分享一个桥梁书小故事！瞧，我带谁来了？她是今天故事的主角，叫阿美莉。谁愿意和她打个招呼？同学们，你想不想听我的故事？

读述故事：（P5—P10）……只不过，小老鼠阿美莉不会说"不"！

2. 听得好投入，你想知道后面发生了什么吗？

设计意图 在读书方式上，承接学前亲子共读的特点和目前低年级绘本阅读的共读形式，符合低年级学生阅读心理的特点。

二、观察推测，情节复现

1. 文字推测，引发想象

（1）PPT：三句开头。

"有一天，阿美莉刚从集市上回来，就有人敲她家的门。"

"五分钟之后，又有人来敲门了。"

谁来读这句？

"过了一会儿后，又有人来敲门了。"

（2）快来看这三个句子，三次来敲门，都会发生什么事儿呢？

2.观察图画，推测情节

第一次

（1）第一次来人敲门啦，会发生什么事儿呢？快看看图！

（2）观图推测：围绕"面粉"。

（面粉——仔细观察图中的细节，你还能发现什么？——观察细节可以帮助我们更好地推测——推测有依据）

（3）刚才，大家观察图画，推测到了许多可能发生的事儿。到底是怎么回事儿？我们还是看书吧：P12（板书：好吧）……噢！原来是这样啊！

第二次

（1）"五分钟之后，又有人来敲门了。"（PPT：图）看，这次又是怎么回事儿呢？

（2）观图推测：聚焦"布头""借"。

（借东西——仔细观察图中的细节，你还能发现什么？"布头"——观察细节，可以帮助我们更好地推测"正在做"——推测有依据）

（3）这次，大家推测得更有依据了！故事会是这样吗？接着读：P14（板书：好吧）……难怪有人刚才这样猜呢！真是这样呀！

第三次

（1）过了一会儿，又有人来敲门了……这次会是什么事儿啊？快看！（来借扫帚）这么肯定呀？！这么胸有成竹呢？！

（2）再看看，你还发现什么了？（她正在扫地呢！自己正需要用呢！）

（3）猜得真快，有那么肯定吗？讲述印证：P16（板书：好吧）

（4）二（1）班的同学，你们太厉害了！读书时既善观察，又会推测！用自己的观察、想象、推测，都说出了一个小故事！这次，我可要加大难度了！

设计意图 引导学生细致观察三幅插图，借助三次复现的文字和插图，帮助学生在观察中合理想象，有依据地展开推测，从而获得继续阅读的信心和乐趣。

三、关联辨读，发现规律

1. 我们把这三件事关联起来，比较一下，你能发现什么？

生：

（1）每次都是别人来借东西。

（2）每次借的都是她正需要用的东西。

（3）每次都借出去了。

（4）每次同样的回答"好吧"。

（5）每次都有一堆借的理由。

（前后关联起来——发现了阿美莉对待朋友请求的相同之处——发现故事的发展是有规律的）

2. 故事接下来还会怎么发展？

借——别的东西；不管自己是否需要，还是说"好吧"，不会拒绝。

不借——理由？自己不能什么都没了。要适当说"不"。

借光了——你肯定还是认为她会不断给予别人帮助。

设计意图 基于前面的推测的阅读策略，指导前后关联阅读的策略，让学生在关联比较中发现故事在情节发展方面的一些规律，并能根据已有规律去继续合理地展开预测。

四、借助想象，角色体验

1. 不管我们怎么推测，都有可能。来，我们到阿美莉家里看看，虽然借出了那么多东西，可还有这么多好东西呢！瞧！——（打开门）直到晚上——

2. 展示PPT1—4（讲述中，情景对话"好吧"）。

3. 大家都找阿美莉借东西，都说：（PPT）"……为人最好……"听到大家的评价，她该多高兴啊！

五、独立阅读，持续思考

1. 咦，她怎么犯难了？快读PPT21，看看她难在哪儿了？

2. 她为难什么呢？（借光了、自己没法做自己的事了……帮人做好事应该是快乐的，没想到自己的生活却受到了困扰。唉，她为难极了！）

3. 夜里，她突然有了一个主意——（给两分钟，学生自己读完剩下的内容P22—P29。遇到不认识的字，跳过去，争取看过一遍的文字，不再回过去重复看。）

4. 到底是个什么主意？（学生讲述）她终于让朋友明白了，她并不是只会答应。

5. 故事到这儿就结束了。再遇到这样的事情，阿美莉会怎么办呢？我们给她出出主意，和身边的同学交流交流。

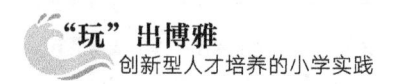

6. 讨论：

（1）不借；有自己需要的就不借；有富余时再借。

（2）不借时跟对方讲清楚。

（3）还经常借，热情帮助大家。

小老鼠阿美莉终于让朋友们明白了，她并不是只会答应。她可以用更好的办法，继续帮助大家。

设计意图 前面借助文本内容指导观察、推测、关联的阅读策略，结局部分现场独立阅读，试图体现桥梁书的过渡作用：从关注"图"到关注"文"，从亲子、师生共读到独立阅读，持续思考。

六、总结策略，推荐读书

你们发现了吗？今天的这本书和我们以前读的绘本有什么不同呢？（读绘本时，文字很少，有时，直接从画面当中，就能想象出故事情节。）但是，刚才读的这本桥梁书，仅从单幅插图，我们没法推测出完整的故事情节，更重要的是文字多了，必须文字与插图配合着来读。

同学们，我相信，咱们班三十多个同学读书的程度很不一样。随着大家年龄的增长，不同的书，要有不同的阅读方法。今天，老师只给大家带来了一本桥梁书，但是它的阅读方法却有很多，以后，你们还可能读到这样的书，当你开始有意识地把这些方法综合起来时，读书的收获会更大。

最后，王老师向大家推荐这样一套桥梁书——"我爱阅读丛书"。这套上百本的桥梁书，每一本都妙趣横生，有意思极了！相信它们会帮助大家更好地"跨越桥梁"，早日过渡到这些纯文字书籍的阅读中来！

> **设计意图** 本节课的基本定位为阅读策略的指导与读书方向的引导。因此，读完整本书后，再加以总结、激励，有助于本节课目标的进一步落实。

②从教学设计到课堂生成，体现"整书策略导读"的原则

以《不会说"不"的老鼠》为例，第三个教学环节是：关联辨读，发现规律。基于前面的推测的阅读策略，指导前后关联阅读的策略，让学生在关联比较中发现故事在情节发展方面的一些规律，并能根据已有规律去继续合理地展开预测。课堂教学是这样展开的：

师：我们把这三件事关联起来，比较一下，你能发现什么？生：A.每次都是别人来借东西；B.每次借的都是她正需要用的东西；C.每次都借出去了；D.每次同样的回答"好吧"；E.每次都有一堆借的理由。接下来，教师引导学生前后关联起来，发现了阿美莉对待朋友请求的相同之处，进而发现这个故事的发展是有规律的。在完成这个关联策略的学习之后，教师引导学生运用已学过的"推测"策略，猜猜故事接下来还会怎么发展，在借、不借的理由表达中，联系前面的情节复现，聚焦到"借光了"这一结局上来。

在整书阅读中，利用前后关联的阅读，合理推测，进而达到对故事情节的整体把握。这样的教学设计与课堂生成，真正地实践了"博雅阅读"课程"整书策略导读"的原则。

三、关于"融"的阐释

1. 贯通学科域，寓创新于知识的融炼

创新思维具有综合性。在教学中，将学科内容贯通融合，进而提炼出

适合学生学习的方法与路径，这也是北大附小教学的一个方向。学校尝试通过打破学科边界、融会学科内容，引导学生能力的全面发展。以创新思维为例，创新思维的培养与研究性学习有着密切的联系，可以说研究性学习是创新思维培养的基础，而研究性学习的重要手段之一就是信息技术的使用。在研究性学习的各个环节，都可以有信息技术施展的空间。研究性学习要贯穿在学生整个学习过程当中，可见信息技术知识的重要，所以我们要避免狭隘的整合观点，无论如何整合，只要发挥信息技术内容的优势，有利于学生研究性学习，有利于创新思维的培养，就是成功的整合。在小学的信息技术教学实践中，信息技术课可与其他学科，诸如语文、数学、英语、美术、音乐等进行整合，使学生在各科的学习中，主动地利用计算机解决学习中的各种问题，从而使学生能够自主、有效地使用信息处理工具，对自己的学习资源进行获取、加工、收集、整理、传输、应用方面的处理，帮助学生融会贯通地理解和掌握各学科知识，培养综合运用知识的能力，提高学习效率，具备分析问题和解决问题的能力。

下面几例实践可供参考。

（1）与语文学科的整合

信息技术与语文教学相整合，为培养学生语文信息的获取、处理能力提供了条件。利用信息技术，学生可以通过多媒体软件来提高识字、认字的能力；利用网上资源（音频、视频、动画等），创设情境，可以使阅读教学更加生动形象，以此提高学生的听说读写的能力，拓宽作文教学的空间；学生运用学到的 Word 知识，可以给自己的文章插入符号，配上插图，以此提高写作能力，学生还可以自己修改作文。

例如，在小学的语文教学中，修改错字、别字、病句，调整文章的前后顺序及分层次、段落等，都是语文教学中的教学任务。在信息技术环境下，我们可以充分地利用计算机来完成教学任务。将一篇需要修改的文章在计算机上打开后，学生就可以利用已经学到的计算机知识，运用计算机技能，熟练地对文章进行不断的修改。教师还可通过屏幕广播进行讲解，与学生互动。如此一来，不但在较短的时间内高效率地完成了教学任务，而且培养了学生主动利用信息技术的意识。

（2）与美术学科的整合

在美术课上，美术教学与信息技术的融合，不仅可以节省资源，还可以让学生自由地对美术作品进行反复修改，培养了学生电脑作画的能力，提高学生创造数字艺术的能力。

例如，教师课前展示图形，让学生充分发挥想象：这是什么？学生的答案也层出不穷：荷叶、打结的绳子、鞋垫、花生等。教师让学生利用计算机将想象到的事物画下来，边画，边思考，既锻炼了学生的发散思维，又培养了学生运用信息技术的能力。在最后，教师可以把较好的学生作品打印出来，作为展示或奖励给学生，从而达到比较好的教学效果。

（3）与音乐学科的整合

在音乐学科的教学中，学生学习乐谱时，可以让学生充分利用计算机，随堂即时在计算机上编写乐谱。当计算机将编写的乐谱演奏出来时，学生可以很快地判断音乐旋律的错与对，并可及时进行修改。这样不但可以为教师减少一些不必要的工作量，从而让教师担负起更多的指导责任，而且充分发挥了学生的课堂主体地位。

（4）与数学学科的整合

信息技术与数学进行整合，可以使学生认识到数学是信息技术的基础，而且教师可以在数学教学中渗透信息意识。

例如，在数学四则运算的学习中，学生可用计算机进行验证或可直接使用计算机中的计算器。其实，在信息技术的程序设计教学中，数学与信息技术已密不可分。一个比较复杂的数学问题，可以通过编写程序来解决。

以上是几个可供实践的例子，将信息技术作为认知工具，以其他学科知识的学习作为载体，达到学习信息技术和培养综合能力的目的。在这种模式下，一方面要注意信息技术要适应其他学科的需要和发展趋势，另一方面要理解其他学科的知识是学习信息技术的基础。为了加强学生的信息素养和综合能力的培养，必须加强学科之间的整合。学科整合的研究仍处于不断尝试、不断探索的阶段，还需要我们每个教育工作者付出努力，为培养出更多的优秀创新型人才大胆实践、改革。

2. 联结课内外，寓创新于情理的融织

为了将课堂知识的"理"与生活的"情"联系在一起，就需要在教学中将课堂所学的知识与学生生活实际相联结，这样有助于学生更好地学习。教学中注重学生的实际经验和体验，需要教师将课堂学习的范围扩大，将学生的学习从课堂扩大至广阔的生活之中。比如我校三年级学生在学习《千米的认识》时，由于千米是比较大的长度单位，它和厘米、分米的学习不同，仅将学习局限在课内，学生只能想象，对千米的概念会非常模糊。因此课前我们给孩子们留了实践作业：请回家体验1千米的长度，

无论你用什么方式，将你的感受记录下来（可以是文字、图片或其他）。结果孩子们完成作业的效果让我们特别惊喜。他们选择的感受方式各有不同：有和父母一起步行的，或用手机软件设计好1千米的长度，或在家量了步长，计算了步数，再出发；有骑自行车的；有再让父母开车感受一次的。

作业交流的时候，有的孩子展示了拍下的照片，有的孩子写下了心得："以前觉得1千米有1000个1米，得有多长啊，走下来觉得没有想象中那么长。"还有的孩子测量了在学校从哪里走到哪里就是1千米。这些丰富的体验活动给学生提供了实际的经验，当再回到课堂学习千米的时候，他们的交流是活跃的、灵动的。

教师在讲五年级的《公顷和平方千米》时，也同样将课堂放到了操场。这两个大的面积单位对学生来说更加陌生和遥远，如果仅仅在课堂上讲，学生只会死记硬背，这些单位间的进率换算学生很快就会忘记。第一节课，数学教师把孩子带到了操场，分成四五个合作小组，提供了卷尺、粉笔等测量工具，布置了合作学习的任务：分别测量操场、篮球场、五色沃土、百草园等较为标准的场地的长和宽，并计算出面积。学生们跃跃欲试，清楚任务后，马上投入到积极的测量当中。有的孩子合作拉直卷尺，有的孩子做记号，有的孩子记录数据。为了让自己的测量更为精准，他们往往测量两三次。第二节课回到课堂上，首先请各个小组汇报了自己的测量结果。1公顷究竟有多大呢？相当于2个操场那么大，也相当于3.5个篮球场那么大，学生一下子就对公顷产生了亲切感，它原来离自己很近，不是那么陌生而遥不可及的一个面积单位。再扩展到平方千米时，老师展示了自己在校园附近开车行驶，从哪儿到哪儿，包含了 1 平方千米的土地，学生不由发出"哇"的感叹。

由于课堂时间、研究条件的限制，当学生的课题比较大的时候，有必要将合作学习延伸到课堂之外。学生利用课余时间，针对研究课题，分配工作职责，对学生的团队协作能力培养大有好处。例如北大附小六年级的数学综合实践活动，让学生分组、确立课题、分工协调，利用课余时间在一起商量，做调查采访，汇集调查数据。大家就是一个团队，心往一处想，力往一处使，这样的合作学习很有必要，也非常有价值。

3. 树立知行观，寓创新于身心的融通

有什么样的知行观，学校就会有什么样的课程；有什么样的课程，学生就会有什么样的生命未来。北大附小基于育人目标，构建起了生命发展课程体系下的综合实践课程之"北大少年行"研学旅行课程。一直以来，北大附小传承中华优秀传统文化的脚步从未停歇，如今从课内延伸至课外，研学旅行课程的设计诠释了北大附小对于如何更好地继承北大教育传统、汲取中国传统文化精髓、践履中国文化的独特性与生命力的理解，真正做到了"研""行"深度融合、高度一致。研学活动，对于孩子而言，是一种可贵的人生经历和体验，是一个"行走的课堂"，这其中蕴含着生命的体悟、情感的交流、思想的碰撞、素养的培育、人格的升华……

多年来，北大附小积极探索多元的传统文化教育模式，努力搭建传统文化教育结构，精心设计传统文化系列课程，"北大少年行"研学课程就是其中的一项重要成果。2019 年 4 月，北大附小六年级毕业班的学生们再一次踏上了传统文化这辆"永动列车"，迎来又一站——行走中华大地、践履华夏文明的研学旅行课程。

（1）走访历史文化名城

哪些地方最能代表中华民族优秀的传统文化？什么地方更适合六年级的毕业生？什么样的路线真正能让学生浸润传统文化？研学旅行的线路确定是课程规划中至关重要的一环。课程团队的老师们围绕传统文化教育的课程目标，以历史文化为经线、地理区域为纬线，最终确定了陕西、安徽、山西、山东四省的历史文化名城。无论是十三朝古都西安、拥有中国三大地域文化之一的徽州，还是儒家文化发源地曲阜、民间文化和非物质文化集散地晋中，都是中华优秀传统文化的聚集地。这四条研学路线能够为学生勾勒出更为全面丰满、多元纷呈的中华传统文化图景，使得学生更加充分地浸润、畅游其中。然而，传统文化主题鲜明、内容多元整合的课程设计并非一蹴而就。课程团队通过实地踩点，对每一条线路、每一项活动进行体验和考察，围绕传统文化的主题，对活动进行反复筛选、打磨、修改和设计。以山西线路为例，增加了楹联体验活动，删减了设计不够细致的官道巷，增加《又见平遥》大型实景剧观赏活动，让学生更加深刻地感受平遥人的道义精神和血脉传承。

（2）课题项目式推进

本次研学旅行课程以课题为抓手，展开跨班级、跨学科、分层次、分类别的整体项目式学习，与一般旅行有很大不同。在学生自主设计的课题中，我们不仅看到了传统文化的烙印，更看到了儿童视角下独特的中国传统文化风貌。他们的课题研究难度不一，方法涉及多个学科领域，内容紧扣传统文化、包罗万象，视角更是从传统文化本身拓展至与现代文明、西方文化的关系。

"徽州古建筑视觉文化研究"课题组成员将威尼斯水城和徽州水乡的景色描画于服装设计稿纸上，将古建门前的石雕图案巧妙融入了鸭舌帽的设计中，将北大附小八字校风篆刻在徽州牌楼上，将古建门窗的特色元素呈现在女孩们的裙子上。"探究徽州建筑中的科学"课题组成员则用理性的思维、严谨的科学态度进行传统文化的探究，完整经历提问质疑、资料查阅、讨论分享、专家支持、问题聚焦、自主探究、得出结论、汇报成果的研究过程。为了弄懂"天井的通风与什么有关"，他们自己建构模型，模拟通风实验；他们还利用数学知识，辅以图画，分析马头墙防火的原理等。

（3）学中玩，玩中学

结合儿童的日常生活，用他们喜欢的方式来渗透传统文化，往往事半功倍。因此，我们的研学旅行课程始终将参观与体验活动有机融合起来，让孩子们在游戏中学习、在游戏中探究。

在徽州，同学们在月沼写生，书写楹联，制作徽墨、灯笼，学习竹编、竹雕、黄梅戏和草木染工艺，甚至还背起箩筐上山采茶，在墨韵与茶意中，以一种与文化完美契合的意境感受文化、品味文化、浸润文化；在山西，同学们尝试剪纸，制作花馍，演绎晋商之道，还原经商过程，组装木结构建筑，在亲身体验中传承非物质文化遗产和晋商文化；在山东，同学们行拜师礼、射箭、投壶，体验古代"六艺"，推煎饼、磨豆腐，感受民俗文化……

（4）多元化课程评价

不同于一般课程通过量化形式评价学习效果，本次研学旅行课程倡导多元开放式的效果评价，即开展课题研究成果的汇报展示活动。同学们通过多元个性的方式将自己对传统文化的理解呈现在汇报的舞台上，极具创意性和文化性。

例如，山西团晋商文化课题组集体"发表"并"出版"晋商文化论合集，美食课题组共同绘制《山西面食的一千零一种吃法》手绘美食锦囊，"陕西梦幻少年组合"现场献唱陕西方言歌曲，自弹自唱改编歌曲《研学之路》。传统文化之魂在这样的古今汇通、雅俗共融、视听结合、中外关联中流入了孩子们的心里、记忆里、血液里。

这一次毕业之际的研学旅行深度聚焦传统文化，将孩子们对传统文化的所学、所识、所悟作一次总结、升华、延续。课程的实施贯彻了"以校为本，以师为导"的模式，由学校教学副校长牵头、校领导班子四人带队，六年级主课、科任共33位教师共同组成研学课程团队，全权主导、独立担纲整个课程的开发，参与规划、设计、实施、评价的全过程。研学旅行课程把课堂从教室延伸到了一个个传统文化的遗存之地，让同学们在行走与体验中将传统文化内化于自己的言行中，在玩乐中将传统文化的传承外化于自己的生活方式中。无论是在徽州的茶园、陕西的考古坑地，还是在曲阜的"亚圣殿"、山西的榆次老城，孩子们彰显的是"言儒雅、行端庄"的礼仪风采，印刻的是"专心学、痛快玩"的童真脸庞，彰显的是"卓不群、合相长"的出类拔萃，传递的是"懂欣赏、善分享"的大气风范。行走天下，知行合一。希望北大附小的孩子们带着中华优秀传统文化积淀走向未来的人生征途！

四、关于"创"的阐释

1. 生长型课堂 —— 引导学生感受探究之趣

什么是生长？生长即生命体从诞生到成熟发展的全部过程。北大附小的数学课程命名为"生长的数学"，即是对学校"生命发展"课程的进一步诠释，北大附小数学团队希望能够在数学课程的建构和实施过程中，不仅关注数学学科的发展，更关注生命个体的发展。"生长"既包括每一位学生，也包括从事数学教育的每一位教师。北大附小数学团队期待数学课程能够进一步诠释学校生命课程的育人理念，使之在北大附小这片沃土上落地生根、开花结果。

在北大附小数学教师的心中有两条"生命螺旋"——教育和教学。教育指向学生生命的发展，教学指向数学学科的发展。数学学科的发展体现人类集体智慧的结晶，学生生命的发展彰显儿童个体生命的活力。数学的发展和生命的发展从来不是矛盾的，它们是数学课程的两条生命螺旋，也是儿童数学学习的两条生命螺旋。学生通过活动体验的方式，将自我的经验、情感与数学的知识和内容不断融合，生成新的认识和新的体验。数学课程是一个师生全面参与的、逐步展开的生成与创造的过程。数学的发展和生命的发展融合而成的数学课程，就像拥有两条生命螺旋的 DNA 一样，不断上升，生生不息，这就是北大附小数学教师团队追求的具有顽强生命力的"生长的数学"课程。

以长方形到长方体的认识为例。学生用足够的时间经历观察、实验、推理、论证，在动手实践的过程中，学生由手的操作获得感知，形成表象，延伸到脑的思考，从而形成"生长的课堂"。手使脑得到发展，使它更为明智；脑使手得到发展，使它变成思维的工具和镜子。可见，动手操作是智力的起源，是思维的起点。课堂上如果能注重操作性活动，学生对知识的理解将更为形象、深入。

从二维到三维的转换是发展空间观念的重要方面，这个转换也往往是学生的困难所在，需要在教学过程中着力突破。发展学生的空间观念需要具体实物的支撑，从二维到三维的跨越需要操作活动的支撑。什么样的操作活动才是有效的、有意义的？我们认为，操作活动应该是属于学生自己的活动，是别人不能代替的；不是盲目的活动，应该是带着思考进行的。教师在教学过程中，需要不断引导学生完成从具体操作到抽象出图形特征的过程，分别从面、棱、顶点及彼此间的关系等方面提升学生的认知水平。

> **案例：长方体的再认识——五年级**
>
> 在低年级时对长方体有了初步感知的基础上，五年级学生要完整地认识长方体的组成及各部分的特征。教师首先提出问题：如何得到一个长方体？
>
> 切割：三维→三维
>
> 纸片（围、摞）：二维→三维
>
> 小棒：一维→三维
>
> 从众多方法当中选择一种：如果用纸围，怎么围？
>
> **一、操作探究，发展认识**
>
> 要求：制作一个长方体，选择合适的材料和数量，并填表。

选好后看着表格，想象：围成的长方体是什么样的？

二、交流再现，聚焦问题

1. 数量层面

活动：呈现只选4个面的记录单，能围成吗？

目的：明确6个面才能围成长方体。

2. 结构层面

（1）呈现2+2+2结构

活动：选取2个相同的长方形，做"拼接"的动作。思考：这么拼行不行？

目的：从关注看得见的2个相邻面到关注看不见的2个相对面。

（2）体会关注的角度

师：当时把它们俩放在一起，是怎么想的？

目的：意识到关注的角度，体会相同的2个面应该对着放。

（3）呈现4+2和6个结构

目的：再次感受相对面相等，推及所有结构。

3. 聚焦问题

三、再次操作，突破难点

学生重新审视自己所选择的材料：

选材没问题的，重新调整位置；

选材有问题的，重新选择材料。

思考—调整—尝试

四、交流反思，提升认识

思考：在围成4个侧面的基础上，贴底面时要考虑什么问题？

目的：意识到仅仅考虑一组边相等是不行的，两组边都要相等。

小结：选材料时要考虑的角度有哪些？

　　　数量；形状；关系。

- 6个面，2个一组，要对着放；
- 不能随意选，要考虑关系。

五、激发想象，再次建构

如果再撤一个面，还能想象长方体吗？先想再撤。

在教师引导下，通过操作活动，学生对长方体的认识经历了从二维到三维、从孤立到联系、从整体感知到局部认识再到宏观把握的过程。在此期间，学生经历了一个认识事物的过程，丰富了看待事物的视角，实现的是从"单一、片面"的平面思维到"多维、关联"的立体思维的有效跨越。这节课的特点是操作活动丰富且充分，鼓励学生的原创和体会，从而建立经验。利用有效的活动引领孩子，通过他们在课堂上活动的过程，展示他们内在的思维变化。

2. 创造型课堂 —— 引导学生体会创新之美

创新能力是运用知识和理论，在科学、艺术、技术和各种实践活动领域中不断提供具有经济价值、社会价值、生态价值的新思想、新理论、新方法和新发明的能力。创新能力是民族进步的灵魂，这也是创新能力的价值所在。

创新意识指人们因社会和个体生活发展的需要，产生创造前所未有的事物或观念的动机,并在创造活动中表现出的意向、愿望和设想。它是人类意识活动中的一种积极的、富有成果性的表现形式,是人们进行创造活动的出发点和内在动力,是创造性思维和创造力的前提。

创新思维指以新颖独特的方法解决问题的思维过程,通过这种思维能突破常规思维的界限,以超常规甚至反常规的方法、视角去思考问题,提出与众不同的解决方案,从而产生新颖的、独到的、有社会意义的思维成果。创新思维是创新实践、创造力发挥的前提。思路决定出路,格局决定结局。创新思维使人能突破思维定式思考问题,从新的思路去寻找解决问题的方法。常见的创新思维有逆向思维、侧向思维、求异思维、类比思维、综合(集中)思维、发散(扩散)思维、顿悟(灵感)思维等。

要培养学生的创新能力、创新意识、创新思维,需要教师在建构和实施数学课程的过程中,了解学生,学会尊重、欣赏和等待,不仅为学生提供创新的学习平台、学习环境,更要允许学生天马行空、异想天开。保护学生的创造欲和求知欲,保护学生的奇思妙想,从而激发学生的创新意识,培养学生的创新思维。"成长的数学"课程的架构目标就是要为学生创新能力的培养提供良好的学习探索的平台。

·· 第三节 多元异质的教师团队 ··

一、崇尚自由,建设民主开放的教师研究氛围

北大附小创设以"人和"为目标的宽松、民主、和谐的管理文化,形

成北大附小独特的群体氛围。北大附小长期坚持以人为本的管理理念，实行以"人和"为目标的宽松、民主、和谐的管理模式，用浓浓的"情"字链接北大附小人的心。真情的牵系造就了甘于奉献、团结一心的团队，奏出了美好和谐的学校交响曲。团结、凝聚、豁达、开拓、向上、进取的北大附小人精神，宽松、激励、创新、活跃的学术氛围，积极、向上、温馨、和谐的校园文化，浸润在广大教师的心中。"每个人都是重要的，但没有一个人是最重要的。"这是深入教师团队内心的理念。教师在学校的发展中"淡化小我，追求大我"，发挥团队优势，倡导"没有完美的个人，只有完美的团队"，"成功靠自己，完美靠合作"，在合作中实现团队的发展，在利益面前实现团队的共赢，在交流中敞开胸怀，学会接纳。

倡导教师之间宽容、理解、信任与合作，"为自己的成功而拼搏，为别人的成功而快乐"。一支高素质的教师队伍，必然有一批手不释卷的钻研者。充分发挥团队优势，集思广益，海纳百川，使教师在与同事、同行教师的研讨、碰撞、争论中不断提升自己的教育教学水平，产生强大的内驱力，促进学校教师整体水平的提高。目前我校已形成以学科为教学团队的群研模式。平等、互动的校园网络培训，为教师团队发展搭建了平台。数学教师论坛、语文教师沙龙、科任教师联盟和资源共享驿站等开放的网上研修培训空间，使我校教师可以随时在网上与同事共同研讨、交流、反思，共享教育教学资源，畅谈生活体验，交流生活乐趣，初步形成了我校独特的教师研修文化。

教师们在帮助学生成长的过程中，不断挖掘自身的潜力，发展个性，实现自我超越和持续发展，在育人的事业中体现了生命的价值，在学校的

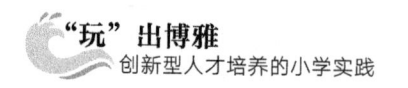

发展中收获了自身的幸福。

二、尊重多元，打造多元异质的教师教学团队

正是在这样的理念及文化的浸润下，北大附小打造了一支多元异质的教师团队。具体来说就是"宽口径、厚基础、大视野"。北大附小的教师出身不同，背景各异：既有国内著名院校毕业的，也有海外留学回来的；既有师范专业的，也有新闻、出版、法律等非师范专业的。因为专业背景不同，这些老师能够跳出国门看教育，跳出教育看教育。教师队伍的多元异质还表现在男女教师的比例上。目前北大附小的男教师占到40%，这样的比例让小学教师队伍多了一些阳刚之气，多了一些男性特有的思维和视角。除了教师团队的"宽口径"，在"厚基础、大视野"上，我们也有自己的规划和追求。随着课程建设和改革的深入，学校的特色课程建设越来越需要有专业优势的教师，近年我们就专门挑选了一名国际关系学院笔译专业毕业的国家二级翻译，一名来自清华美院、在中国水墨画上颇有功底的硕士研究生，还有一位来自对外经贸大学金融系的硕士研究生，充实教师队伍。

"宽口径、厚基础、大视野"的教师团队为学校发展积聚了强劲的动力，在教学工作中始终保持着宏阔的视野和旺盛的创新能力，使学校发展有了更开放的空间。

三、尊崇包容，构建个性显著的教师尖兵队伍

为了真正传承蔡元培先生的教育思想，北大附小一直尊崇北京大学

建校以来"兼容并包"的光荣传统。尹超校长推崇"悦纳自己""兼容他人""包容万物"的思想，尊重人之为人的"人性"、每名师生的"个性"及人类本能的"天性"的规律，秉承"走出课堂，放飞自我""走向校外，实践自我""走进自然，融汇万物"的原则，为北大附小打造一支海淀区乃至北京市的尖兵师资队伍奠定了坚实的基础。

通过对历史之美和自然之美的深度挖掘，学校成立了元培基础教育研究院及杨辛美育馆。2019年，以立德树人为主题的杨辛美育馆筹建启动。2020年，元培基础教育研究院成立。元培基础教育研究院聘请多元异质的专家智库团队，带领全校教师，深入理解、研究蔡元培教育思想的精髓。

在与专家团队的不断对话中，教师的专业发展内驱力和成长自主性大大激发出来，教育实践爆发出惊人的创造力。学校先后成立尹超校长工作室、王丽萍少先队名师工作室、方素珍绘本工作室，仅在2014年一年就自行培养出3名特级教师，其总数位居北京市之首。数十名市、区级教学骨干和带头人脱颖而出，在全国教学大赛中斩获大奖，承担教育部国培计划任务。教师的个人作品曾多次入选画展，并入选荣宝斋画册。近些年，北大附小的教师在《人民教育》等刊物发表多篇论文，出版著作十余部，编写实践手册上百本，开发美育校本课程35门。

在多年的磨砺过程中，北大附小教师以不服输的精神，以不怕苦的勇气，克服了各种困难，挑战了各种极限，极大地增强了个人能力，大大地提升了教育素养，组成了一支民主开放、多元异质、个性显著的教师尖兵队伍。

第五章
学玩合一的创新实践路径

第五章 学玩合一的创新实践路径

北大附小践行"全人教育",即重视人的自由和谐、全面发展。在"以人为本,快乐和谐发展"的办学理念的引领下,北大附小以遵从儿童天性为根本,立足小学生身心特点,结合冰心老人题写的校训"专心地学习,痛快地游玩",让教育指向儿童的情感与志向,以"学"和"玩"诠释"自由",并将之作为北大附小育人的价值追求,这即是对蔡元培先生教育思想在新时期的继承创新。

学生的创新能力是在不断的实践活动中获得的。学校建立元培基础教育研究院、杨辛美育馆、金帆京剧团、金帆书画院、种植实验基地、迷你天文馆、学森智慧小屋、创客空间,多向发力。通过"燕园芳菲"艺术节、中英文戏剧节、"北大少年行"文化研学、校园交谊舞、"小脚走天下"交流出访、南极少年创意科考等综合主题活动,引导学生在实践活动中体验研究与创造,促进其创新能力不断成长。成长性创新型人才培养面向人人,努力为每一个孩子提供创造的机会。从成果来看,实践活动丰富多彩、蓬勃开展,学生创新素养明显提高,学业水平显著增长,快乐、进取、儒雅、大气的北大少年茁壮成长。

北大附小构建了学玩合一、多元发展的综合实践活动体系,通过建立活动基地、搭建活动舞台、设计品牌活动,让学生在玩中激趣、乐学、悟美、创造,不断激发学生的生命活力。

第一节　独具特色的实践基地

学校不断地为师生筹划和设立各种实践基地。从全国唯一一处南极少年科研基地、全国第一座"学森智慧小屋"及徽州、西安等研学基地，到校内的植物温控室、博雅书园、心灵花园、泡泡馆、种植园、天文馆等，多元优质的创新实践基地滋养了一代又一代的北大附小师生。

一、杨辛美育馆

走进北大附小校园，随处可见名人古迹，这些历史与自然相得益彰的景观文化给北大附小镀上一层底蕴丰富的美感。这些景观也是最好的美育基地，现代散文家、诗人、文艺理论家何其芳先生的故居就是其中一处。20世纪中后期，这栋小楼盛极一时，云集了中国近现代重要的历史文化名人，如林伯渠、徐特立、章伯钧、雷洁琼、赛福鼎·艾则孜、郭沫若、范文澜、田汉、俞平伯、钱锺书等，呈现了"谈笑有鸿儒，往来无白丁"的盛景。在北大附小的发展历史中，何其芳故居曾作为教师办公室、教研室使用多年，为教师们提供了典雅、舒适、充满审美格调的教学场地。为了给学生提供更好的艺术展示交流空间，如今的何其芳故居已改造成了独具特色的"杨辛美育馆"及"元培基础教育研究院"。

杨辛老人生于1922年，是当代著名美学家、书画家、美术史论家，北京大学哲学教授。中华人民共和国成立前就读于国立北平艺术专科学校，师从徐悲鸿先生和董希文先生。曾任中华美学学会第一、二届常务理事，全国高等学校美学研究会副会长。现任中国东方文化研究会学术委员、山东省泰山世界遗产研究委员会泰山研究所名誉所长。2008年，中国美术家协会授予杨辛先生"卓有成就的美术史论家"称号。2012年，北京大学授予杨辛先生"北京大学哲学教育终身成就奖"，并在2013年特别设立"杨辛荷花品德奖"。

杨辛老人始终关心北大附小的发展，情系教育，心系下一代。2016年以来，他多次莅临我校，关怀师生的教育教学生活，特别对北大附小的教育工作提出了许多宝贵指导意见。作为一名教育家，杨辛老人在研究美、创作美、传播美的过程中，也一直在思考如何在小学生中"以美引真，以美导善"。他认为，"从教育的角度来说，通过艺术品来进行审美陶冶，就是把美育和德育结合在一起，使得人们在欣赏这些艺术作品的同时，人生的境界变得更高尚"。

为此，自2018年起，杨辛老人将珍藏的百余件藏品无偿捐赠给北大附小，包括书法、绘画、瓷器、文房器、雕刻等。其中大量藏品以荷花为题材，弘扬了以荷花精神为代表的中华优秀传统文化。老人希望，通过欣赏以荷花为主题的艺术藏品，孩子们可以同他一道，在欣赏荷花"出淤泥而不染"的高洁品质的过程中净化心灵，达到"品艺术而赞美，登泰山而悟生，赏荷花而好洁"的培育效果。

杨辛老人还是一位书法家。他的书法作品强调自然之美，兼具画意，且气势磅礴，大多是表现对人生和自然的感悟。他认为书法的美不仅在于书写的好看，更重要的是和人的精神相通，所以要用心去写。在创作过程中，他以泰山和荷花为创作灵感的源泉，尽情用书法艺术诠释时代的民族精神：以泰山寓意人生当"自强不息"，以荷花寓意君子当"品性高洁"。2016年，杨辛老人为我校书写了《北大附小三字经》，现被制作成浮雕壁画，展示于泡泡体育馆走廊，成为北大附小校园文化的标志性景观之一。

2020年，杨辛老人特别为我校创作了书法作品150余幅，并且全部无偿捐赠给我校。为写好这些作品，年近百岁高龄的杨辛老人不辞辛苦，认真选择尺寸、布局，多番修改，并精心盖上不同的引首章、压角章。这些作品风格粗犷雄浑，遒劲有力，体现出对北大附小的深厚感情、对教育的无私付出，更凝结了对后辈学子的殷切希望。杨辛老人说，他一直牢记自己的老师徐悲鸿先生曾教导的："书之美，在情，在德。"这些书法作品不仅仅是用笔写出，更是用心写出了"以德树人、以美育人"的精神传承。

为了不负杨辛老人对教育事业的重托，北大附小决定，改造何其芳故居的建筑主体，成立杨辛美育馆和元培基础教育研究院。改造工程秉承北大的人文精神，在保留故居风貌的基础上，针对北大附小的特点和小学生的活动需要，打造具有文化底蕴、重在教育教学、利于作品展示、兼容艺术交流与教科研学习的专业性艺术馆。杨辛美育馆主要陈列和展示杨辛老人的捐赠作品，这些作品是北大附小宝贵的文化遗产，将激励学子敦品励行、美育心灵。

杨辛美育馆已于2021年6月落成并投入使用，将承办北大附小博雅书画院组织的艺术展览交流等活动，还会邀请智库专家团队做讲座。杨辛美育馆设有常年陈列展览和不定期主题展览与讲座，多维度、多视角地展示学生、教师的艺术实践及教学科研交流成果。还将引进优秀的社会美育资源，既让学生和教师拓宽眼界，又可增强北大附小的社会影响力。

杨辛美育馆的建立仅是一个起点，未来还将从学术层面深入挖掘北大附小整体育人的理念，把这份精神财富一代代地传承下去，用大爱之美、崇高之美教育培养下一代，让中华民族的优秀精神品质代代相传。

二、"北大少年行"研学实践基地

"读万卷书，行万里路"，在西安、太原、泰山、徽州、绍兴、婺源、杭州等地，学校积极设立具有不同地域特色的研学基地，为学生搭建了更加丰富多元的探究式、体验式的艺术学习活动平台。

"北大少年行"研学旅行课程是北大附小生命发展课程体系的一部分，是拓展类课程。本课程基于学生的直接体验，紧密联系学生的自身生活和社会生活，体现知识的综合运用和灵活运用。

以徽州研学旅行为例。研学课程目标的设定包含：①山川地理，文化成因；②崇文重教，儒道商行；③千年传承，匠心守艺；④躬身践行，励志成长。根据目标设计了多项研学课题：徽州建筑科学探究、品茶问道寻味徽州、徽州古建筑视觉文化研究。学生们根据自己的喜好先选择大课题方向，再根据分组情况确定自己的分课题。比如有的学生对东西方建筑风格对比感兴趣，制定的课题是"徽州建筑风格与威尼斯建筑风格比较研究"，在这个有思想和创意的课题中，学生认为这两者可以尝试结合起来，形成新的艺术风格。教师则会针对每个小组的分课题，单独予以指导，并且帮助学生做好大量的行前准备，查阅相关资料，完成研学课题开题报告。

研学过程中还为学生安排了系列艺术体验活动：漫步宏村，静心写生；南屏古村，学习传统草木染；古村祠堂书写楹联、建筑采风；跟民间艺人学习竹编小鸟；谢裕大茶园采摘，品味徽茶的文化味道与礼仪；胡开文墨厂，观摩徽墨制作及歙砚雕刻的传统工艺；徽字号里，了解徽州三雕的精湛技艺，动手为学校雕刻纪念竹匾……徽州之行，带给同学们的不仅是视觉上的审美享受，还有心灵上的文化浸润，使学生充分体验到地域历史文化之美，极大地激发了他们的艺术表现欲望，增加了他们的审美体验，提高了他们的艺术创造力。

学生们除了完成自己的研究课题和研究反思外，还有一个任务——利用自己的研究结论设计一件艺术作品，形式不限。各课题组的学生发挥自己的专长，有的利用研究结论设计服装，有的设计帽子，还有的为母校设计了一座牌楼。同学们通过研学前的资料整理和实地考察阶段的细心观察、研究，已经对徽州古建筑有了进一步的了解。作为视觉文化的一部分，徽州古建筑的价值并不仅限于它的外形、结构，还在于其中蕴含的文化意义。它带给同学们的不仅是视觉上的震撼，还有心灵上的文化浸润。

研学基地的设立，让学生在参观游历、实践体验的过程中，了解历史遗迹风貌，感受祖国山河之美，同时，建立历史视角，拓宽文化视野，加深对中华优秀传统文化的理解。研学基地为学生的综合素养提供了成长的实践场。

三、校园里的种植实践基地

1. 场馆介绍

北大附小从2008年开始，在校园中规划出60平方米的种植区，作为学生的室外种植实践基地。学生们期待已久，以极大的热情，利用科学课和社团活动时间，筛土、施肥、平整土地，初步完成种植区规划。进而由学校支持，投入资金修建围栏、铺设通道，根据学生需求细致划分出不同的种植区域。

为了给喜欢植物的学生提供更多样化的实践空间，学校于2014年建起特色种植智能生产科研温室，面积252平方米，主要适用于高档蔬菜、花卉及运用现代化农业设施开展的种植，冬季室内温度不低于18℃。根据本地区光照强、风力大、雨量少的气候特点和种植作物的生长特性，设计为三屋脊连栋温室。温室内配有内外遮阳系统、顶部开窗系统、强制通风系统、配电控制系统、环境智能控制系统等。这些系统能很好地调节温室内部的气候环境，使之满足各种植物的科研与种植要求，为学生相关实践活动提供了设施与场所的保障。（图5-1）

图5-1 校园中的玻璃温室内景（左）和室外种植区（右）

温室全天候运行,作为学生的实验和实践基地,每次实践活动开展时间均在 90 分钟以上,也会根据特殊活动内容(如播种、移栽、观察实验、销售等)延时。

温室的管理方面以梯队式管理为主,形成教师指导、学生实践操作管理为主的模式。学生在熟悉设备使用及调节程序设置后,逐步转变为主要管理者。

2. 社团活动

我校于 2008 年建立植物小组,在学生和教师的共同努力下,不断发展完善。2016 届金豪中、于欣宁、单浩恩等 18 名学生在植物小组的基础上,创建我校由学生自主管理和运营的"碰碰植物"工作室。(图 5-2)

图 5-2 "碰碰植物"工作室创建

（1）社团建立初衷

经济发展是当今全球的主题，经济活动在人们的日常生活中极为普遍，已经深入生活的每一个角落，儿童也越来越多地接触经济现象，参与经济活动。

各国开设经济教育，其目标主要是使公民能够在复杂的经济生活中，通过经济学相关知识的学习，更好地理解经济活动，做出更好的决策。无论是公众，还是"纯"经济参与者，都是推动国家经济发展的好公民。因此，在初等教育阶段，引导少年儿童从小树立正确的金钱观、培养做出适当的选择和适应社会的能力，变得越来越重要。

（2）社团运作模式

北大附小以温室为主要实践活动基地的、涉及多学科整合的特色课程"碰碰植物"已设计完成，并以此为依托，把科学与经济学、美术、摄影等学科有趣地融合在一起，开展学生能自主管理与经营的社团活动。

首先，自主经营是社团独具魅力的地方。

从选种配土，到育苗，再到移栽种植，进行植物方面的研究，都由学生自主完成。

社团在每学期都会有销售活动"植物汇"，销售范围面向全体师生和学生家长。由社团学生自己设计绘制宣传海报，制订销售计划及实施方案。而由此所获得的款项，则分为两部分使用：其一，用于购买种植相关消耗品；其二，创建我们自己的科学奖励基金，旨在支持与科学有关的普及活动及校级优秀项目的研究。（图5-3、图5-4）

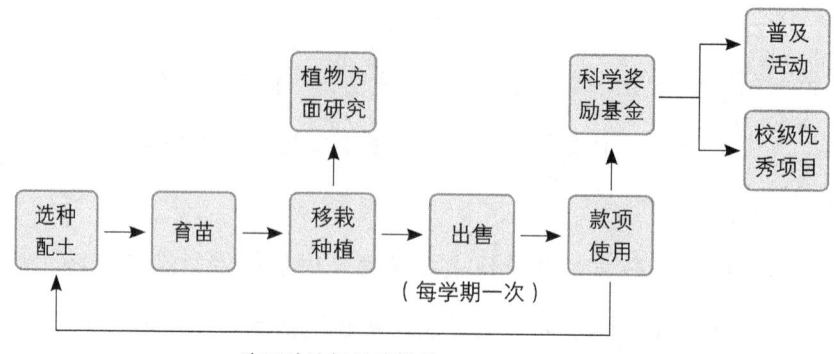

图 5-3 社团运作模式图

图 5-4 学生参与"植物汇"活动剪影

其次，自主管理锻炼学生综合能力。

学生在社团中不仅仅是学习者，也是管理者。作为社团的一分子，他们参与每项制度和工作的制定，主要有以下几个方面：

①在每学期初，讨论并确定学期计划、需要购买材料的清单等。

②管理社团资金及账目，由教师监督。

③科学奖励基金的使用，也须由教师与学生组成的评审委员会进行项目审核方可进行。

（3）社团活动评价方式

①以学生的观察日记为评价内容。

②以实践活动及学生反思为评价内容。

对学生社团活动的评价，更加注重在实践活动中表现出的个人特质及在团体中所表现出的与人交往的相关能力。因此，社团活动的评价主要关注学生在活动中的表现。表5-1为实践活动评价方案。

表5-1 实践活动评价方案

	活动内容	态度与能力		
	种植活动： 工具的使用； 种植技巧。 义卖活动： 调查详细； 分工明确； 计划便于实施。	**语言表达** 能清晰准确地表达自己的观点；在与人交流时，选择合适的语气和态度。	**沟通合作** 积极友善； 会倾听； 能够接纳不同意见； 能够提出自己的建议。	**实践能力** 能够按照所制订的计划书实施，各司其职，能根据实际情况进行适当调整和改变。
姓名				

3. 效果及影响力

种植实践基地和学生自主管理的社团的建设，为学生提供了学以致用的实践机会，使学生的研究成果（培育的新品、创意园林设计、奇妙的搭配等），不仅限于展现在教师和个别家长、同学面前，也不仅是参加科技比赛，而是面对更大的舞台。面向全校学生、教师和家长的宣传、销售及被寄予重托的研发，使学生在活动中有特别的使命感，他们所展现的能量及创意让我们意想不到。在这个过程中，在合作与团队意识、与人交流的能力、面对挫折和成功、建立友谊等方面，他们会有自己的体验与成长。

社团的每个学生，结合自己的爱好，在不同方面都有所发展。

（1）创新及科学研究方向的学生发展

从 2016 年开始，北大附小马翊涵、陈泳博等 80 多名同学跟随中科院专家去南极、北极参与极地科学考察，其中 20 多名同学撰写的论文获北京市青少年科技创新大赛、金鹏科技论坛、中国少年科学院优秀课题评选一等奖并由此获得"中国少年科学院小院士"称号。

（2）自然观察方向的学生发展

北大附小学生利用课余时间，成立绿化校园的绿色志愿者服务组织。除此之外，每年都有大量毕业生参与北大附中博物社团——自然之翼，继续参与自然教育活动，多位新老毕业生成为骨干。

四、迷你天文馆

1. 场馆介绍

2014 年，学校投入百万资金修建了面积近 160 平方米的天文教室和天象厅，可以同时容纳两个班学生共同学习。天文教室配备了充足的电脑及折射望远镜、反射望远镜、折反式望远镜、星野赤道仪、ED 镜筒、日珥镜等各种天文器材。

在天象厅，学生利用先进的高清数字天象仪进行模拟星空的观测，获得了最接近真实的星空体验，无论在视觉上还是听觉上都产生全新感受，极大地激发了对宇宙的探索欲望。在天文教室，学生利用电脑可在线学习，通过国内外天文网络的共享资源，了解更多的天文信息和资源，拓展了视野，增加了与外界交流的机会。各种天文器材的应用，为学生提供了充分的动手实践机会，搭建了平台，天文对于他们不再深奥难懂、遥不可及。

2. 社团活动

每逢社团活动和天文选修课时间，来自不同班级的天文迷们都汇聚在天文教室。天文知识讲座、模拟认星、望远镜组装、天文摄影学习……活动内容丰富多彩。每年科技节，还会组织学生观看天文球幕节目。精彩的天文节目使孩子们目不暇接，兴趣盎然，在孩子们的心中埋下小小的热爱天文的种子。

3. 效果及影响力

通过各种天文科普活动，学生成才，教师成长，天文团队教育成效卓越。北大附小被评为全国"十佳科技教育创新学校"之星、"全国特色学校"，入选"北京市学生金鹏科技团"承办校，并多次被授予北京市中小学生天文观测竞赛优秀组织奖。

近三年，北大附小学生在各类科技竞赛中均有出色表现，其中在全国、市、区级各项天文竞赛中，有几百人次获奖。曲逸飞同学在升入中学后获全国中学生天文奥赛金牌。

社团的成绩离不开教师的努力。教师团队以天文教学为载体，共同研究教学方法，开发天文校本课程、研究教育课题，经过共同努力，取得了很多优异的成绩。

五、学森智慧小屋

1. 场馆介绍

2013年年底,北大附小学校领导和北京市海淀区科学技术协会领导共同协商,在北大附小建成了全国第一个"学森智慧小屋",旨在缅怀钱学森,借钱老成就勉励更多的儿童,将钱老在年老时对人才培养的思考落到实处,希望能探索更优的人才培养途径。

小屋占地约30平方米,讲台正上方有"学森智慧小屋"醒目的字样。小屋四壁陈列了介绍钱老生平及事迹的十多块展板,讲台有可以播放视频的多媒体设备,小屋中间摆放大桌子,陈列着长征系列火箭、神舟系列飞船、卫星、导弹和宇航服的模型等,还摆放有课桌和小凳,方便学生具体操作。

学森智慧小屋课题聘请了北京航空航天大学航天领域博士和航天领域院士等多位专家,与北大附小科学老师一起开展以航天为主题的一系列科学探索活动。小屋承载的主要功能是讲解钱老事迹,讲解中国航天史成就,学生科技制作,观看小屋精彩活动视频等。

2. 社团活动

学森智慧小屋面向的主要是模型社团的学生、模型选修课的学生和科学课的学生。

(1)系列讲座

系列讲座包括航天科普、太空育种、纳米科技等多个主题,将专家请进课堂,孩子们受益匪浅。如北航的李明博士为学生作题为"钱学森爱祖国,'两弹一星'建奇功"的讲座。李明博士的讲授深入浅出,从人类对太空的向往、实现梦想的途径、美苏争霸太空、中国人在行动，引出为国家做出卓越贡献的人物——钱学森。接下来，对照航天器具的各种模型，向孩子们讲解了我国航天事业的发展历程。随后转向展板上钱学森的丰功伟绩，让孩子们看到了钱老勤奋学习、毅然回国、领衔重任、艰苦创业、奋发作为、为航天发展做出贡献的人生轨迹。这是一堂生动形象的航天科普课，给听讲座的孩子们留下了难忘的印象。

（2）航天相关的动手操作类活动

此类活动包括小组合作搭建场地模型、组装及发射小火箭、组装望远镜、培育航天种子等。其中学生最喜爱的就是组装及发射小火箭。课题组请到了钱老门下目前国内唯一健在的博士，今年已八十多岁的两院院士郑哲敏教授。虽已年迈，但郑院士精神矍铄，和同学们一起制作小火箭，并去操场上观看发射。随着震耳欲聋的倒计时，一支支火箭腾空而起，化作一个个白点，随后一只只降落伞飘摇而下，操场顿时化作了欢乐的海洋。郑院士为成功的小组发出赞叹，并鼓励学生多去了解航空航天方面的知识，也询问不成功的小组为什么发射不完美。当时一位叫郎子杰的同学总结出五点不足，思路清晰，郑院士十分赞赏。他说："科学实验允许失败，失败是成功的过程，过程非常重要，每一个细节都不能忽视，正是这些细节导致失败，也正是这些细节让我们成功。"他还指出了在规范性、安全性和管理方面的注意事项。在孩子们的强烈要求下，大家对火箭又进行了改进，再次发射，最后多数组实现了更准（不偏不斜）、更高（升空高度）、更完整（有升空、有降落）。孩子们开心的面庞背后，是航天"种子"的勃勃生机。

（3）亲临航天基地

为拓宽学生视野，2019年7月，北大附小科学老师带领23名学生参加了贵州7日科学和文化考察课程，其间参观了"中国天眼"——500米口径球面射电望远镜（简称FAST）。学生们饶有兴趣地参观了FAST，并了解了FAST选址和建造的历史。参观后，还有专家解答学生疑问，同学们深刻感受到了祖国的强大、宇宙的浩瀚。2020年11月23日下午6时许，北大附小海口学校六年级全体学生在老师们的带领下赴文昌卫星发射中心现场观摩"嫦娥五号"探测器发射的壮观场面并参观走访某航天卫星发射基地。火箭升空瞬间，大地震颤，孩子们欢呼雀跃。难得的亲临现场一定会给孩子们留下深刻且难忘的印象，为国而骄傲，为国而自豪，努力成长，早日成为国之栋梁！

（4）其他动手制作活动

模型社团辅导员带领学森小队，以钱老的爱国精神为核心，以创新实践为宗旨，以锲而不舍为做事态度。学做海模，了解祖国疆域相关知识，倡导"我爱祖国海疆"；学做空模，深入研究如何更久留空及飞得更远，关注我国航空航天发展；学做建筑模型，了解全国各地不同建筑特色，发挥创造力、想象力，搭建理想家园，更加热爱地球家园。

3. 效果及影响力

学森智慧小屋自建立起，接待来自北京和其他各省市的老师和同学参观学习十余次。如2014年，新疆的40多名孩子和老师来小屋参观。2015年，新疆的60多名孩子和老师在北大附小度过了难忘的一整天时间，听航天讲座，制作及发射火箭。无论是首都的还是边疆的孩子，热爱科学的心是一样的。期待更多的孩子成为航天迷，让中国的航天事业有更多优秀的接班人。

六、创客空间

北大附小结合学校学生特别是中低年级学生的特点，基于 STEM 的课程理念，结合已有课程的经验，于 2016 年在三年级开设了"小小创客"课程。鼓励孩子们组成团队，观察身边生活，发现问题，展开头脑风暴，主动学习、应用多学科知识，设计解决方案，利用提供的材料进行创造创新，最终解决问题，形成产品，并大胆分享、推广产品。

孩子们在设计制作的过程中，主动地向父母、老师求教，学习相关学科领域内非教材内容的知识。在交流、分享、推广时，大胆自信，采用演讲展示、小剧表演等多种形式，呈现对生活的发现、对问题的思考、有趣的创意，获得大家认可，获得不一样的成长。

经过中低年级创客课程的锻炼，在孩子们进行高年级相关课程的学习探究时，我们发现孩子们已经变得不一样了——从项目的启动到项目结束，孩子们能够自己组建团队，制订计划并分工，进行实地考察，发现、汇总问题，从中找到项目的驱动问题，主动应用多学科知识解决问题，最终以多种形式分享团队成果。老师真正地成为帮助者，帮助学生在学习中变化，引导学生在创新中成长。

第二节　个性绽放的发展舞台

作为北京大学的附属校，北大附小受惠于百年博雅文化的熏陶，始终坚持"以美育德，文化育人"的教育传统，在立德树人中培养学生的审美情趣，将审美实践融入"专心地学习，痛快地游玩"的教育日常，形成"博""雅""学""玩"四个维度，贯穿于学校环境、生命课程、生态校园、学校文化、家校共育等"五育融合"全过程。特别是作为北京市"金帆艺术团""金帆书画院"承办校，北大附小以"传承民族艺术，促进多元发展"为理念，以内涵发展和特色建设为主线，面向全体学生，推进素质教育，在丰富多彩的实践活动中为学生搭建平台，通过创设富有吸引力的艺术课堂，成立具有高水平的艺术社团，在艺术教育上成就斐然。

作为北京市艺术教育特色学校，北大附小以"传承民族艺术，促进多元发展"为理念，在教育中传承中华优秀传统文化，把京剧、舞蹈、音乐、书法、绘画作为艺术教育的重要载体，创新艺术教育理念和实践，创设了充满生命活力的艺术课堂和艺术教育活动，通过艺术教育培养学生的审美素养和综合能力，形成了独具特色的教育实践和高水平的艺术教育成果，滋养了一批又一批的北大少年。

艺术社团作为实施整体育人的重要补充和延伸，也是"以美育人""以美潜玩"教育理念的辐射与拓展。丰富的社团活动与课堂教学相比，更具灵活性、实践性、创造性以及时效性。因此，社团活动成为北大附小学生参与创新实践活动的重要途径，并且是学生审美体验和创造性实践的主要阵地。北大附小将艺术社团建设作为推进综合素质教育，培养现代人文精神和创新精神的有机组成部分和重要载体，致力于营造良好的校园艺术文化氛围。通过为孩子们搭建"玩"的舞台，让孩子们在大美的氛围和环境下，在"玩"中学，在"玩"中成长，同时，"玩"出自我，"玩"出收获。

一直以来，北大附小将社团实践视为与"人"相关的课程，视为学生生命发展的活动。把美育与人生联系起来，是学校美育实践的核心。学问"有益于己而已"，而发展人的知识、情感、意志的美育，与智育、德育相统一，不仅可以达到益己，还可以实现益世。通过开展社团活动，可以陶冶学生的情操，培养学生的创造精神，从而实现美化生活、美化人生的目的。所谓"苟无艺术之调和，则一世生活，真无兴趣之可言"，应培养孩子从艺术的角度着眼，在潜移默化中发现美、认识美、理解美，从而"能在保持生存以外，还能去享受人生"。美学所具有的意义不限于教育领域，而是可以作用于人生，更对于文化建设有着重要的作用。因此，北大附小的社团不仅是培养学生艺术兴趣的舞台，更是与生命本体切实相关的美育实践场。社团活动作为美育实践的重要组成部分，为学校整体育人体系的建构奠定了基础，提供了丰富的实践经验。

一、艺术进校：提升素养，锻炼意志，纯净校园风气

北大附小坚持引进优秀民族艺术进校园，如邀请红樱束女子打击乐团走进北大附小，为学生带来了振奋人心的民族打击乐表演，邀请中国戏曲学院专家走进校园，带来"戏曲体验之旅"，让孩子们感受民族艺术的魅

力，感受中华民族精神的力量。学校美育工作在社团中的实践，并未停留在学科素养本身，而是注重熏陶和培养孩子的情感与品格。学生学习和训练重点并不在于掌握多么扎实的技巧和基本功，而是在于通过实践与体验，促进对文化艺术的审美感受，提升对传统文化的认同感，为对传统文化艺术的终生热爱种下一粒种子，让优秀传统文化渗透到心里。其实，学习民族艺术与开放性、先进性的教育理念并不冲突。以民族艺术作为切入点，并不是狭隘和封闭，而是引导学生首先扎根于民族艺术的土壤，在学习民族艺术的基础上，走向世界，在更广阔的领域中了解和吸收其他优秀艺术文化。

每一年，学生们利用毕业研学旅行的机会，体验不同地域的景观文化和风土人情，用书画记录下行走的足迹……孩子们不仅创作了丰富的旅行写生作品，还在研学中设立课题，探究传统文化并研以致用，进行文化创意设计。美不胜收的研学成果汇报展示，获得老师和专家们的好评。学校利用假期为孩子们组织艺术夏令营，带领书画院的孩子们走进广阔的社会天地，开展丰富多彩的艺术实践活动。孩子们曾在内蒙古、云南与当地学生开展版画交流活动，也多次走出国门开展游学体验及艺术实践，每一处异地风情写生都让孩子们收获很多，丰富了艺术视野，促进了文化理解与融合。书画院受邀参加英国谢菲尔德大学孔子学院2020年中小学生"生肖画绘画大赛"，孩子们的精彩作品在市政厅展出，广受赞誉。

学生在参与社团活动的过程中，不仅开阔了视野，丰富了实践经历，沟通与合作能力及心理素质也有了提升和发展。在实践中，学生的意志品质也得到了很大锻炼。他们或合作互助，或独立自主，不断挑战自己、突破自己，培养了不怕苦、累、疼、难的品质，以及克服困难、勇于挑战的精神。当学生沉浸于各类高雅、美妙、绚丽多彩的艺术社团活动中，身心都获得艺术熏陶和陶冶，对艺术的理解力和审美的感悟力也不断提升。丰富的社团活动让整个校园充满浓厚的艺术气息，学生在艺术活动中感知美，在参与活动中主动创造美，校园处处呈现蓬勃的朝气和良好的精神面貌，形成了人人爱艺术、人人崇尚艺术的良好校园风气。

二、玩学舞台：发展个人特长，张扬自主创新，促进学生全面发展

北大附小各类社团面向全体学生，为每一个孩子搭建"玩的舞台"，为学生开辟了广阔的展示自我的平台与空间。孩子们乐于分享，善于展示，不断自主发展，激发个性潜能，提升特长水平。在表演、绘画、歌唱、舞蹈、武术、主持、演讲、朗诵等艺术活动中，学生扩大了交友范围，练就了良好的台风，开阔了眼界，获得了成功的体验，树立了强大的艺术自信。同时，学生在满足个性发展需要、实现个人价值的过程中，对艺术的感知力得到提升，艺术想象力和创造力也得到充分激发。不同学生在学习实践中难免有能力、兴趣、倾向等方面的差异，仅从某个角度、某个层次出发去观察显然是单一的、不全面的。我们实践活动的重点，在于发挥综合艺术教育的特点和优势，坚持以艺术文化的学习为主，关注每一个学生，关注学生的全面发展。学习多样化的艺术形式，能使学生对传统艺术形成完整的印象，促进学生的综合发展。多样化的艺术形式能够激发每一位学生的艺术需求，调动学生参与的积极性，发挥他们的所长。

为了更好地让每一个孩子发挥艺术特长、展示成长风采，学校每年都举办大型艺术展示活动，比如"燕园芳菲"艺术节、"我型我秀"戏剧展演、书画展，并在校园内设置多个展示区域——博雅书园、阳光大厅、放飞理想舞台，展区面积数百平方米，以不同形式开展全校范围的博雅书画展、戏剧展演，定期展示孩子们精彩纷呈的表演、创意多元的作品。同时，学校鼓励孩子们走出校园，参与多种艺术实践活动。北京大学建校120周年之际，北大附小博雅书画社与北京大学雏鹰社共同举办了"我给北大过生日"——小小北大人书画展活动，学生们用120幅书画作品来书写北大、描绘北大，浸润燕园的古色古香，承载父母的光荣和梦想。孩子们还为北大餐饮中心设计吉祥物，充满灵性的设计呈现了他们开放自由的内心。

在受疫情影响的特殊时期，北大附小艺术教学及艺术活动的开展打开了更宽广、更多元的设计思路，为孩子们创建了丰富多彩的线上艺术课堂和活动平台。学校金帆京剧团推出了原创戏曲 MV 音画作品《庚子春赋》，由我校年轻京剧老师创作词曲，金帆京剧团全体师生参与表演，从作品构思创作，到线上辅导学唱、收录采集音视频素材，再到音乐制作、视频合成，历经一个多月时间完成，被"海淀教育"公众号平台收录并向外界推广宣传。创新之作《庚子春赋》以戏曲的力量传递爱、信仰和希望，讴歌为抗疫而奋战在一线的勇士们，产生了积极的社会影响。

三、创新实践：完善道德，传递思想，塑造人格品质

社团的组建方式、活动内容、管理机制无不反映学校的价值追求。社团活动的开展将助益孩子的身心发展。因此，我们努力挖掘社团建设中的

道德实践、道德体验因素，主动促进学生道德成长，培养学生良好的道德品行，从而养成"完全之人格"。"惟欲完成道德教育，不可不以一种哲学思想为前提。而哲学思想之涵养，恃有美学之教育，故美学教育为最当注意之点云"。[①] 美学活动是完善道德的重要途径，人的自由据此得以实现。我们的社团活动之所以能成为学生正确世界观的催化剂，是因为各类优秀的社团以其科学明确的目的，对团员严格、合理的要求，以及艺术本身强大的感染力，吸引着孩子们，在方方面面调动着孩子们的主动性和自觉性。很多社团为孩子们提供参加公益劳动、文体竞赛、科技制作等活动的机会，让学生接触社会，了解自然，增强与人沟通、相互协作的能力，通过体验与感受，塑造完善人格和优秀品质。

2020年新冠疫情期间，孩子们停课不停学，在老师的组织下不断推出艺术交流活动，比如"以艺抗疫"的云端展演，秉持"停课不停学""停训不停练"原则，云端邀约，一呼百应，悄然凝聚起强大的激励力量。学校京剧团、合唱团、舞蹈团、管乐团、书画院的同学们纷纷响应倡议，集结至"以艺抗疫"的活动中。在"三八妇女节"相继推出"献给妈妈的爱"系列艺术展示活动，在艺术老师们的线上指导下，孩子们用歌舞、戏曲、声乐、书画作品等各种方式为妈妈献上节日祝福。管乐团、合唱团发起云合奏《海阔天空》、云合唱《天之大》；舞蹈团推出原创手语舞视频接力活动《平凡天使》以及云舞蹈《听我说谢谢你》……以主题活动为光荣出征的北大医疗团队的白衣天使们加油打气，共同表达对妈妈"母亲"、

---

① 蔡元培. 蔡元培全集（第十七卷）[M]. 杭州：浙江教育出版社，1998：416.

医护"母亲"、祖国"母亲"的感恩、敬意与祝福。书画院老师策划组织了"北大少年，童心抗疫，画笔赞英雄"线上主题活动，征集学生书画作品千余件，其中涌现了大量与时俱进的优秀作品。一幅幅动人的画作，表达了孩子们对抗疫前线英雄的深深敬意和祝福。对此，学校微信公众号进行宣传报道，取得了良好的教育效果。

在元培整体育人理论指导下，经过多年的实践探索与理论总结，学校组建了诸多各具特色的优秀社团，如金帆京剧团、民族舞蹈团、童声合唱团、少年管乐团、金帆书画院、体育社团等。社团活动开展得有声有色，俨然成为北大附小五色沃土中盛开的一朵艳丽多彩的花朵，校园中形成了积极、健康、多元的文化艺术生态。在人文艺术课程领域中，我校艺术教师集体研发了多项艺术类校本课程："娃娃京剧""舞动的课堂""学竖笛轻松入门""视觉思维""中国画""版画""衍纸""写字""手工"……使得艺术教育课程更加"多元、开放、立体、自主"。学生在丰富的实践活动中开阔了视野，提升了综合素质、审美修养，了解并感受到了优秀文化的魅力。

在社团活动中，北大附小人深切体会到将文化艺术与德、智、体、美、劳五育融会贯通的诸多优势，学生的参与意愿及创造能力得到激发，学习主体性也得到充分发挥，继而达成一体化育人目标。这种一体化育人模式也成为传承教育可持续发展的优势所在，为促进民族文化艺术传承打下了坚实基础，更为学校特色文化的形成与建设提供了保障和条件。

1. 金帆京剧团

北大附小娃娃京剧团成立于1994年，著名剧作家、戏曲理论家马少波先生为娃娃京剧团题写团名。建团初期，娃娃京剧团得到过诸多戏曲大师、京剧表演艺术家的亲切关怀与大力扶持，马少波先生、梅葆玖先生、袁世海先生、刘长瑜先生等先后为我校娃娃京剧团题词鼓励。2008年，娃娃京剧团申报北京市学生金帆艺术团，成为首批金帆京剧团。二十多年来，我校金帆京剧团坚持以"传承国粹艺术，弘扬民族精神"为办团宗旨，在各级领导、社会各界关心支持下，在京剧专家、学校老师的辛勤耕耘下，京剧艺术教育活动蓬勃发展，成果丰硕。在实践与发展中，在传承与创新中，逐渐形成北大附小校园京剧的独特风格，留下了多部原创少儿京剧剧目以及改编经典保留曲目，受到广大师生的喜爱和专家领导的肯定。

娃娃京剧已成为北大附小特色办学的重要内容之一，二十多年来一直活跃在校园舞台，大型专场演出连年推出，并多次走出国门，扬名海外：赴俄罗斯，在国际儿童舞蹈节中脱颖而出；赴法国，在中法文化交流活动中尽显风采；赴新加坡，弘扬中国文化，受到总统接见；赴新西兰，被大使誉为"出色的文化小使者"；赴美国，在纽约和康涅狄格州多所校园激起浓浓中国风；赴奥地利，娃娃京剧唱响金色大厅；赴印度尼西亚，专场演出唤起爱国华侨的炙热中国情……京剧团学生曾在中国京剧艺术节、中国少儿戏曲小梅花荟萃、北京市学生艺术节、"国戏杯"学生戏曲大赛等各级艺术比赛及展演中获得多项大奖，中央电视台、北京电视台也多次报道我校京剧教育活动。

在自身发展的同时，京剧团也积极参加金帆实践之旅，走进部队、警营、社区演出，回报社会。金帆京剧团作为龙头项目，带动北大附小整体艺术教育活动开展得更加生动蓬勃，更多的孩子们在参与和体验国粹艺术的过程中，汲取民族艺术的精髓，获得终身受益的艺术素养。

2. 金帆书画院

1991年，著名作家冰心走进北大附小，为孩子们亲笔题写了校训——"专心地学习，痛快地游玩"，希望孩子们不仅要专心地学习，还要痛快地游玩，玩出强健身体，玩出高雅情趣。学校的美术活动，就是让孩子们通过动手、动脑、动情地玩耍，玩转七彩画板，玩出快乐童年。

北大附小金帆书画院前身是成立于2009年的博雅书画社。书画院下设版画社、国画社、衍纸社、手工社、视觉思维社、书法社6个特色项目社团，围绕孩子们喜爱的6个美术项目开展社团活动，让孩子们在浓厚的艺术氛围中玩得开心，玩出名堂。书画院俨然成为孩子们的乐园。学校美术教育活动坚持"顺其性，驰其想"，特色美术活动的开展，形成课内外一体化、既全面开花又凸显特色的局面。

特色版画——乐享痕迹纹理美。在学玩合一、不断创新中带领孩子们探索版画的奇妙世界，识有印，触有痕，翻转出一个个变化无穷的精彩画面。

国画传承——水墨丹青润童心。在国画教学中建立童心童趣与传统艺术的关系，亲近自然、认识自然，与古人对话，丰富自身的成长体验，拓展对传统文化的理解，涵养舒雅的文化之气。

巧手衍纸——卷舒动静皆有情。衍纸课程利用丰富的校园资源，激发孩子们无限的创意主题和创作空间，将纸艺的主题内容拓宽，激发创造的欲望和乐趣，让学生在实践中形成合作、探究的品质。

创意手工——玩物益智妙趣多。在实践活动中带领孩子们感受不同材质的手工制作，在设计、构思、创作活动中，提高学生的制作能力、思维能力、实证能力、审美素养。

视觉思维——意象表达创奇想。该课程是我校美术跨学科教学的一种探索，在探究式学习中促进小学生意象表达，利用不同载体、多种媒介培养学生的想象力、创造力、审美力及问题解决能力。

笔墨书怀——致敬传统塑国风。将美德教育融入书法，以书养德，以文化人，通过了解汉字的字源、字理，内化于心、外化于行，传承中华优秀文化，增强学生对社会主义核心价值观的认同感和文化自信心。

在书画院的各项活动中，版画是极具特色的一个项目，全员覆盖，创意丰富，又因其独特的制作程序，让孩子们在整个创作过程中都处于好奇与探索的状态，因此深受他们的喜爱。美术团队自2007年就开始了教学实践，通过课题引领，研究提质，在"十二五"期间，立项《美术教学中学生技能与个性协调发展的研究》课题，探索艺术教育激发孩子主体性的策略。在版画课程设置中，孩子们从感受与认识痕迹开始，在游戏体验中，逐渐进入版画的世界，玩炫彩、玩印痕、制纹理，在玩中体验，在玩中学习。

目前，版画项目已经开创了多个版种的版画课程：纸版画、凹版画、脱胶版画、树脂版画、KT版画、形染版画、粉印版画、炫彩版画、藏书票、综合版画等，材料多样，方法多元，极大地拓展了孩子们创意实践的空间。特色项目版画从最初的社团活动发展成如今的课堂普及，并与日常美术课堂教学有机融合，形成了"促全校学生积极参与，依学段特点合宜学习"的样态。在这个过程中，美术团队进行了大量的实践和探索。

经过美术团队多年课内外的实践探索，版画教学找到了方法，收获了成效：参加第五届中日少儿版画展，1人获金奖，2人获银奖；参加第二十届全国少儿版画展，6人获金奖，4人获银奖，2人获铜奖。学生作品多次发表在国家正式刊物上。版画项目负责人贾继红老师被聘为第四届中国少年儿童版画研究会常务理事、中国少儿版画百家讲坛公益课堂主讲专家，多次为各校教师来校观摩作展示交流，并为北京市教师成长中心和海淀区教研活动作版画专题讲座。北大附小入选"全国青少儿版画教育活动基地"。

丰富多彩的书画社团活动，为孩子打开了艺术视野，他们的审美素养、艺术表现力、动手制作能力、抽象思维能力、独立思考能力、创新创造能力，得到进一步提高。书画院在图像识读、美术表现、审美判断、创意实践和文化理解方面，充分发挥美术学科独特的育人功能，培养学生用自己的方式表达思想和情感，从而具备审美创造能力，沉淀艺术品格，最终成为全面发展的人。

3. 金鹏科技团——机器人分团

北大附小是北京市首批学生金鹏科技团分团承办校，2014年机器人分团入选。机器人项目作为我校科技教育特色龙头项目，发展了近20年。从最初十几个学生的兴趣小组，到几十个人的科技社团，发展到目前在三、四、五、六这4个年级开设机器人必修课和选修课，机器人项目在普及和提高方面已成为开启学生创新潜能、促进思维迸发的钥匙。

机器人教育教学中，学生以团队合作的形式进行设计、搭建、编程等一系列实践活动,培养了动手、观察、独立思考、发现问题、分析问题、解决问题、创新的能力,培养了工程设计思维。借助项目教学模式,教师成为帮助者,学生成为真正的需求提出者,教师贴近学生的生活,寻找更为有效的途径,培养他们的创新能力,适应当前社会的人才需求。

机器人分团努力在普及与提高两个层面开展丰富多彩的创新型科技活动,培养了一批具有机器人项目开发和实践能力的科技教师。学生在各种机器人竞赛中不断取得优异成绩,足迹遍及美国、荷兰、丹麦、墨西哥、新加坡、澳大利亚等多个国家。学生有机会和全国甚至全世界的机器人爱好者一起享受比赛的过程,既提高了水平,又开阔了眼界。

4. 金鹏科技团——天文分团

北大附小于2006年成立天文社团,2015年开设天文选修课,2020年成为北京市学生金鹏科技团天文分团承办校。十多年坚持不懈,从最初十几个学生的兴趣小组,到几十个人的科技社团,发展到目前开设三至六年级的天文选修课,天文项目已成为承载学生天文梦想的翅膀。

(1)支持保障

学校为天文教育活动的开展创造了一流的软件和硬件环境。在硬件建设方面,2014年,一次性投入百万元资金修建了面积近160平方米的天文教室和天象厅,配备充足器材。如今,6个科学教室、天文教室、天象厅、泡泡馆相得益彰,保障了全校师生充分的科技活动场地空间,也让学生真切感受到日常科技教育带来的强大辐射力量。在师资建设方面,学校有稳定的科技教育师资队伍。天文社团有4名辅导教师,其中市、区骨干教师2名,还入选了北京市天文项目优秀辅导教师、海淀区科技之星等。学校每年选送教师参加各级各类科技教育培训，促进教师专业成长。

（2）实施渠道

北大附小科技教育是脚踏实地、多层次、全方位实施的。真正让每一个学生在活动中发展个性，培养特长，提高素质。这一点，在天文项目的建设上有着充分的体现。

①不断完善的天文校本课程开发与实施

为了普及天文教育、对学生进行个性化的教学，学校精心为学生设计开发内容丰富多样、关注过程、评价体系完善、促进其发展进步的天文校本课程。

天文知识的学习和活动的开展尽可能做到日常化、普及化、多样化，以激发更多孩子学习的兴趣，为更多孩子找到发展的方向。

②充满生机的天文社团建设

为了有效地开展天文项目活动，北大附小建立了从上到下、从统筹安排到具体负责的四级教师梯队，共同完成管理、规划、指导、实践等任务。

天文社团活动始终强调以学生为主体，给学生提供自由发展的空间，充分发挥其潜能。社团成员由老队员和新队员组成A、B两个梯队。社团中设置了社长、技术部长等职务，由队员们自荐担任。通过了解社团历史、师徒结对、活动经验交流等，逐渐形成社团凝聚力。

天文社团活动形式多样。其中孩子们最为期待的是外出到实践基地的学期考察活动。他们在发展专业知识和技能的同时，也收获了友谊，越来越独立、坚忍、友善、乐观……在活动中逐渐成长。

（3）创新与特色

北大附小的天文项目依托天文课程建设，四维并举，立体实施，形成有温度的天文教育模式。

①引发学生基于兴趣的真正学习

学校课程建设包含国家课程、综合实践课程、学校选修课程、社团活动四个维度，面向全校每个学生，形成逐步聚焦的金字塔形结构。在这个过程中，学校为不同程度的学生搭建天文学习平台，使得孩子们可以自主选择，寻找并发展自己真正的爱好。重视关注学生心理，激发他们内在基于热爱的潜能，我们相信这种内驱力将在现在和未来，支撑他们持续地投入天文学习之中。由此形成我校由全面普及至爱好者、研究者的纵深结构的天文人才选拔培育机制。

②多维度、发展性评价，关注每个学生发展

围绕天文社团活动，设计了三个维度的九个评价指标，利用评价软件对天文社团成员进行学习评价。通过软件自动生成的折线统计图，师生既可以看到每个学期的各项成绩，又能看到不同学期的变化趋势，为学生了解自身的学习程度、寻找发展方向和教师制定学习目标、明确社团活动的改进方向提供依据。

③与时俱进，天文教育方式转变

突如其来的疫情，使得教育方式发生转变，开展线上天文教育活动成为天文团队研究的新课题。

"线上观天"活动由此开展。学生居家学习期间，教师把每月的重要天象及重大航天事件，制成微课向全校学生发布，使学生了解天文现象，关注我国科技发展的最新动态。

2020年6月21日的日偏食，让家长和孩子自发开启了讨论模式。教师通过微信群进行细致指导，大家在群中热烈讨论和展示，分享了不同版本的小孔成像日食图、不同时段的日食照片和视频、孩子们观测日食的场景，家长们相互间也进行了经验介绍，群中一片欢呼、惊叹，最后意犹未尽……这就是源于内心深处的热爱吧！

在开展天文教育的过程中，教师尤为重视培养学生对自己、对家庭、对社会的关注和责任担当。2020年3月8日，学校发起"庆祝女神节——献给妈妈的爱"活动，这时正处于疫情紧张时期，天文社团的孩子们在家中，用独特的光绘摄影方式表达了心中的爱。有的同学拿着光源沿着中国地图的边界线一遍又一遍描绘，以一个完整的光绘中国地图作品表达对祖国妈妈的爱；有的同学用光源在空中描绘出可爱的心形、"武汉加油"字样和天使图案，表达对武汉的祝福、对白衣天使妈妈的爱；有的同学用光源书写"节日快乐""辛苦了"，绘制彩色的鲜花献给妈妈们。这些虽显稚嫩却充满情感的方式，满满地承载着孩子们最纯真、最温暖的祝福。

（4）教育成效

学生成才，教师成长，天文团队教育成效卓越。北大附小学生在全国、市、区级各项天文竞赛中，屡屡取得出色的成绩。天文课程主要指导教师每年都获得市、区"优秀辅导教师""优秀科技教师"等称号。学校多次被授予北京市中小学生天文观测竞赛优秀组织奖。近几年我校均有因天文特长进入重点中学的学生，其中于澄楷、曲逸飞同学多次荣获全国天文奥赛奖项，并出征国际天文大赛。

5. 少年科学院

2017年6月,北京大学附属小学少年科学院在海淀区少年科学院的支持下正式成立,分为"机器人"分院和"单片机"分院,目的在于引导鼓励学生借助少年科学院平台建立起动态的学生研究群体,在更广阔的空间中进行科技的探索发现、实践创新,通过形式新颖、有吸引力、有激励作用、有挑战的载体,在为孩子们普及科技知识的基础上,引导他们参与科技交流与科技创新活动,学会科学研究方法,培养科学意识和科学精神。孩子们先后参加了走进中国科学院活动、科学院考察活动、院士论坛等系列交流活动,并完成了《二硫化钼原子晶体材料在高效催化制氢中的应用研究》《智能控制小车行进对接、两车间物品转移和投送》等相关课题研究,获得专家院士和老师的一致好评。连续几年有多名同学获得海淀区小院士称号和小院士候选人称号,辐射影响了更多的学生参与到科技活动和研究群体中来,大大拓宽了孩子们的视野,提升了科学研究水平,增强了创新创造能力。

第三节 异彩纷呈的品牌活动

一、"燕园芳菲"艺术节:面向人人

北大附小努力为每一个学生提供欣赏美、创造美、展示美的机会。全校大型艺术展示活动"燕园芳菲"艺术节自2010年开始逐年举办,人人开口唱,班班有京腔,个个登舞台,年年有特色,为每一个孩子都搭设了

能够尽情地、自由自在表演的舞台，创设了一个让他们自由施展艺术才华的环境。学生们跃跃欲试，大显身手，全员全程自主参与艺术实践活动。以学生为主体进行创、编、排、演、主持，尊重学生的意愿，教师仅仅是学生的"参谋"和"策划"。

每年艺术节从5月持续到6月，学期初由学校整体策划活动方案，结合当年教育大背景确定活动主题，由各年级和艺术学科组作进一步的方案细化和活动设计，结合学生实际情况以及综合实践来开展活动。如一年级结合入队教育、入队仪式，"戴上红领巾，唱响欢乐歌"；六年级结合毕业典礼，"乳燕展翅，追梦启航"；也有年级结合传统文化节庆活动，"万紫千红总是春"，"粽叶飘香，游艺端午"，"小荷尖尖，夏日悠长"，"恰同学少年诗词大会"……艺术教师对各年级艺术活动进行指导，家委会协助，最终以年级为单位分别进行艺术展示汇报，你方唱罢我登场，充分发挥集体创作的优势特长。歌舞器乐、吹拉弹唱、戏曲戏剧、游艺诵读……多元多彩，主题鲜明，精彩纷呈。

学校各艺术社团也以不同形式融入年级展演。书画院同期举办大型书画工艺美术展，让学生自己创作的反映自然之美、校园之美、力量之美、古朴之美、民族风情之美的书画作品得到充分展示。同时，招募高年级学生志愿者为低年级学生讲解、评论作品，引导大家共同感受艺术之美。涂鸦墙、创意空间等自由展示区，吸引了大批学生来体验美、创造美。在这创造美、欣赏美、展示美的过程中，学生们的心灵得到净化与升华。

艺术节还为学生搭建了"我型我秀"个人风采展示的小舞台和小型艺术工作坊，以"小型、趣味、灵动"为特点，以艺术社团学生为主导，号召、带动更多孩子参与体验多元化的艺术活动，为孩子们打造一个人人可参与体验、人人可展示交流的小舞台，充分发挥学生的主动性、创造力。这种形式极大地激发了学生的艺术表现力和自信心。艺术节启动后，利用每日中午大活动时间，开展每日一秀：舞动我心（舞蹈）、想唱就唱（独唱）、京腔京韵（京剧）、solo擂台（器乐），各种项目轮番展示。每日艺术工作坊是以书画院学生为主，现场进行书画工艺的创作与制作展示，并邀请其他同学参与体验：版画、水墨、衍纸、手工（剪纸）、造型、书法等，每天变换一个体验项目。操场、阳光大厅、走廊……各个角落都成了孩子们体验和展示艺术的缤纷秀场。

学生在艺术节里，载歌载舞、尽情欢唱，写字作画、工艺创造，用自己的歌声、笔墨绘制自己的学习生活，施展才能，陶冶情操。艺术节活动里学生参与率达100%。学生们情绪高涨，天性自然流露，个性充分张扬。他们会因表演精彩而高声欢呼、掌声如潮，会开心得笑逐颜开，激动得手舞足蹈。"燕园芳菲"艺术节形式多样灵活，大小规模结合，集体个人兼顾，学科融合，家校携手，全员参与，整个学校洋溢着浓厚的艺术氛围，所有孩子都能在艺术节中找到自己的舞台，感受美与快乐，展示自信风采。

二、小脚走天下：丈量世界

人们常说，千里之行始于足下，行千里路胜读万卷书。早在1986年，北大附小学生杨海兰就代表全中国少年儿童随科考团远赴南极，揭开了附小学生走世界的第一页！至今，北大附小师生设计的南极长城站"中国少年纪念标"还高高矗立在南极。

北大附小很早就有了培养国际人才的战略眼光，学校每年都有计划地组织学生到亚洲、欧洲的国家和地区进行访问交流，同时把艺术交流实践融入游学活动中，极大地开阔了学生的视野。在东西方文化的碰撞与交融中，培养学生开阔、包容的胸襟和儒雅、大气的品质。

1996年，娃娃京剧团出访奥地利，总统夫人观看演出。

1998年，出访俄罗斯，参加国际儿童舞蹈节。

2006年，赴新加坡参加第十三届"春城洋溢华夏情"文化艺术交流活动，京剧专场演出《国粹飘香》连续三天在维多利亚大剧院上演，受到总统接见。《联合晚报》《新明日报》、新加坡电视台等多家媒体对演出进行了报道。

2007年，出访新西兰，在惠灵顿、奥克兰、罗托鲁阿、汉密尔顿四大城市进行"京腔京韵中国娃"专场演出和文化交流活动。

2008年，应邀赴美国纽约和康涅狄格州进行文化交流活动，访问了6所小学，进行了7场专场演出。

2011年，受邀赴奥地利参加中奥建交40周年庆典，在金色大厅演出，获得圆满成功。

2013年4月，艺术团出访印度尼西亚金光集团，与金光国际学校进行友好交流，携手同台进行了专场文艺演出。

2013年8月，合唱团受邀参加"奥地利国际青少年艺术节"合唱比赛，荣获"金奖"第一名的骄人成绩。

2016年，艺术团应联合国教科文组织邀请，赴法国巴黎参加2016年中法教育论坛文化艺术交流活动。6月30日在香榭丽舍剧院，我校金帆京剧团表演了《唱脸谱》《天女散花》《三岔口》《春日放牛》，合唱团演唱了民族歌曲《欢乐的那达慕》、法语歌曲《放牛班的春天》。近2000名巴黎市民观看了演出，中国小学生的精彩表演以及展示出的中国传统文化艺术风采、学生们健康向上的青春活力，赢得了观众的一致好评。同日，合唱团学生走进巴黎第五大学，在中法高等教育论坛会议上为嘉宾现场演唱悠扬的法语歌曲，受到刘延东副总理与法国教育部长的连连好评。

2017年2月，舞蹈团赴法国巴黎参加中国联合国教科文组织全国委员会主办的"中法小学生文化艺术交流演出"系列活动。

2017年5月，金帆京剧团、合唱团赴北欧参加联合国教科文组织的艺术交流活动，在瑞典斯德哥尔摩音乐厅（蓝厅）激情演出，精彩的京剧节目《天宫七仙女》及合唱表演《读唐诗》、*Putting On The Ritz*，赢得热烈好评，艺术团载誉而归。

2018年5月，金帆京剧团、武术团应中国联合国教科文组织全国委员会、北京市教育学会、北京圣陶教育发展与创新研究院的邀请，赴北欧三国参加"放飞梦想，拥抱未来"中国金帆艺术团文化交流演出活动，在瑞典斯德哥尔摩音乐厅（蓝厅），为现场观众们献上了京剧《扈家庄》《孙悟空斗罗汉》、武术《掌运乾坤》三个精彩节目，全场观众掌声雷动，欢呼喝彩声不断。孩子们高水平的表演，彰显了北大少年大气儒雅、卓尔不群的气质，赢得各界好评，载誉而归。

2019年，金帆京剧团和武术表演团应中国友好和平发展基金会、中国少年儿童文化艺术基金会、北京市教育学会、北京圣陶教育发展与创新研究院邀请，赴英国伦敦参加"欢乐春节——让世界更美好"2019年北京市学生金帆艺术团专场演出，在伦敦守护神剧院呈现精彩表演。京剧歌舞《春日放牛》，呈现了一群天真活泼的孩子们嬉戏玩耍，载歌载舞，童趣盎然。武术《斗转星移》，结合了中国传统武术和街头篮球，动作新颖，刚柔并济，大气恢宏。高水平的表演，让艺术跨越国界，为现场2300余名观众带来了一场东方大国的视听盛宴。

2019年，管乐团应中国友好和平发展基金会、中国少年儿童文化艺术基金会、北京市教育学会、北京圣陶教育发展与创新研究院邀请，于7月27日登上澳大利亚悉尼歌剧院舞台，参加了《让世界充满爱》庆祝中华人民共和国成立70周年专场演出。管乐团演奏了极具民族特色的《牧童之歌》和极具感召力的外国名曲《凯旋进行曲》，精彩的表演赢得了在场观众经久不息的掌声和欢呼声。最终，我校学生管乐团获得了最佳表演奖。

三、校园交谊舞：守正出新

北大附小的艺术素质教育绝不只是为了培养学生们娴熟的艺术技巧，更在于以艺术为中介，促成和睦融洽而又有礼有序的学习共同体的建立，并在这一共同体之中实现个体人格的全面发展。那么，如何在新时代条件下传承和弘扬中华优秀传统文化与艺术，传承和弘扬中华美学精神？如何培养学生在当代生活的底蕴中融入传统文化的血脉？

在中国古典教育理念之中，"教化"总是与"礼乐"分割不开。"礼乐教化"作为中国儒家教育思想的核心观念，不仅是道德观念，也是政治制度，更是一整套教育方法与体系。从教育学的角度而言，"礼乐"讲求以审美与艺术的形式来涵养个体的道德人格与伦理属性,"礼"通过形式美(如礼器、仪仗等)与人体舞蹈动作(如俯仰进退、周旋揖让)来呈现,而"乐"则是中国最早的综合性艺术,从"乐"的源流之中衍生出中国音乐舞蹈、诗歌文学、戏剧表演、绘画美术等蔚为大观的艺术门类与成就。可以说以"礼乐"来"教化",开启了中国艺术教育观念与实践的先河,是中华民族传统文化的精髓。如《礼记·乐记》所言,"乐者,天地之和也;礼者,天地之序也"。"乐"的精神在"和",对乐舞艺术的参与可以促进人与人之间的和谐友爱,建构和同相亲的共同体;"礼"的精神在"序",通过对传统礼仪的学习和施行,可以将这种仪式感与规范感贯穿于每个人生活的方方面面,使共同体和谐有序、稳定运作。

而学校作为一个学习共同体,和谐群体氛围的建构与完整个体人格的培养,是一体两面、相辅相成的。那么,如何秉承中国礼乐精神,借由艺术教育构建一个和睦融洽而又有礼有序的学习共同体?如何一方面保存孩子们天真烂漫的天性,使之相亲相爱、团结活泼,另一方面克服孩子们散漫无序的弱点,使之尊敬师长、有礼有序?又如何在古礼(《仪礼》《礼记》《周礼》三礼)的具体礼仪已经不再适合当代生活的情况下,为中国礼乐精神找到现代化的形式躯体?

带着这些问题,学校逐渐将目光集中在"校园交谊舞"的开发与教学上。交谊舞是国际性的社交舞蹈,最早起源于欧洲,自16世纪起在欧洲各国成为一种普遍的社交活动,是体现异性之间社交礼仪的一种舞蹈。20世纪20年代以后,交谊舞在世界各地流行起来,并传入中国。北大附小原创的"校园交谊舞",加入"校园"这个词作为前缀,表明了其特有的属性是学生之间的一种礼仪舞蹈,与成人的交谊舞相比更具纯洁无瑕、青春活泼、朝气蓬勃等特点。一方面,交谊舞所体现的西方现代礼仪简洁优雅,适于在现代生活中施行运用,正好可以作为传承中国礼乐精神的形式躯体;另一方面,交谊舞曲欢快自然,舞步高贵典雅,随着舞曲翩翩起舞,正是孩子们抒发活泼天性的最好方式。校园交谊舞秉承着礼乐之"和",通过"乐舞"的方式,让孩子们在艺术的陶冶沉醉中相亲相近,创造了真诚相待、和睦融洽的学习共同体氛围;校园交谊舞也秉承着礼乐之"序",通过寓教于乐的美育手段,培养孩子们有礼有序、优雅大方的风貌仪态。

校园交谊舞是北大附小生命发展课程体系中的重要一环,已经成为北大附小学生的必修课。这个舞蹈也已经成为北大附小学生们最喜爱的舞蹈节目,只要音乐响起,学生们都会自发地、随时随地翩翩起舞,真正做到了"学玩合一""寓学于乐"。

1. 校园艺术节必备节目

每年春天的"燕园芳菲"艺术节,学生们都会盛装出席并表演这个舞蹈,成为校园中亮丽的风景线。2019年4月的全国知名校长论坛中,北大附小全校两千多名学生齐跳校园交谊舞,优美的舞姿、挺拔的身形、儒雅的气质、变换的队形,赢得了到场参会的几百名校长的热烈掌声,也把舞蹈素质教育的种子撒向了全国,起到了引领作用。

2. 校际访问展示节目

校园交谊舞课作为日常的必修课,使每一个孩子都有了体验舞蹈美、感受艺术美、体会伙伴合作、学习艺术作品的机会。北大附小每年的校际访问交流活动,都少不了艺术的交流,如外校教师与学生观摩北大附小校园交谊舞展示课、本校学生出访他校表演等，加强了校与校之间、国与国之间的文化艺术沟通，传递了北大附小的校园文化与中国艺术文化。

3. 毕业典礼经典节目

北大附小六年级学生毕业典礼是孩子们小学阶段的一个重要活动，是孩子们成长道路上一段难忘的经历。校园交谊舞是毕业典礼上的经典保留节目，也是教师、学生、家长期望值很高的节目。当女孩子们裙角飞扬、男孩子们西装革履，6月的夏天被他们映衬得纯真而美好。

4. 个性学生的艺术天地

每一年的教学中都会遇见一些可爱的孩子，他们的个性生而不同，性格突出，不太能较好地进行自我管理。但这些孩子在听到校园交谊舞的音乐响起、看到舞蹈的示范视频时，像是找到了自己的艺术乐园，能够快乐地随着音乐起舞。一个已经毕业的男孩子，他患有先天性的自闭症与狂躁症，平时不爱与老师、同学交流，甚至时常控制不好自己的情绪，控制不好自己的手、脚、口，但他一看到大屏幕播放的校园交谊舞，就会安静下来，专注而认真地欣赏，不一会儿便跟着视频跳起舞来。那一刻，这个小男孩一定是找到了心灵的归属，舞蹈带给了他自由的享受。

四、戏剧文化节：含英咀华

"含英咀华"出处原为唐代韩愈的《进学解》："沉浸浓郁，含英咀华"。其字面意思是嘴里含着花朵、品味花的芬芳，比喻品味、体会诗文中所包含的精华。"含英咀华"戏剧文化节源于北大附小博雅语文阅读拓展活动，构建了"戏剧、文化"两条主线、"读、编、演"三个维度并进的综合实践活动模式，以五年级系列综合实践活动的成果展示作为戏剧文化节的开端。活动取其名称，是勉励学生徜徉于古代历史文化长河，摘花嗅蕊，含英咀华，感受汲取不尽的戏剧文化之精髓。"给每个孩子一盏灯，让他点亮整个舞台"成为戏剧文化节活动的宗旨。活动分为三大板块。第一板块为阅读板块：阅读《林汉达中国历史故事集》；第二板块为文化板块：编写历史剧本，制作文化海报，设计演出门票；第三板块为戏剧板块：出演曹禺先生的话剧《胆剑篇》，并与"家长进课堂"的历史文化讲座融为一体。

1. 读史启智，唇齿留香

不止给孩子历史之真，还要给他文学之美、人性之善；不止让孩子爱上历史，还要让他爱上人生、爱上思考。要给即将参加戏剧文化节的孩子们选择推荐书籍，着实不易。《林汉达中国历史故事集》取材于正史，用浅显、规范的语言将正史改编成篇幅短小的故事。历史是严肃的，也是鲜活的。打开这本书，目录是孩子们熟知的四字成语，如一鼓作气、老马识途等，商鞅、秦始皇、刘邦、项羽等历史人物逐一登场。这不但是一部优秀的历史读物，还是一部优秀的文学读物，不但会让学生爱上历史，它精练的语言还会给第二阶段孩子们编写剧本提供便利。

2. 编写剧本，设计海报

（1）编剧促写，笔下生花

共读书目的成功推荐极大地点燃了学生的阅读兴趣，创建了良好的读书氛围，热情不减、活力四射的孩子们急需新的挑战。为了让孩子们在戏剧文化节上获得专业引领，学校邀请了北京大学艺术学院的编剧老师给全年级的同学带来专题讲座《编剧艺术》，指导学生编写剧本。一周后，孩子们纷纷交上剧本，《草船借箭》《三顾茅庐》《带酒进宫》《千金一笑》……一大批优秀剧本让老师们叹为观止。《五年级"含英咀华"优秀剧本集》这部由北大附小孩子原创的开山之作也应运而生。

（2）文化海报，画精墨妙

"含英咀华"戏剧文化节走廊文化展这一活动，给学生提供了一个展示读书成果的空间，鼓励学生自选书目，并将阅读成果用海报的形式汇报。老师们针对海报内容作了具体指导，细分出四种形式：戏剧海报、读书海报、书法海报、文化海报。孩子们思路大开，自由创作，一大批热爱书画的孩子找到了施展的平台。同学们在创作前阅读了大量的资料，和家长共同制定选题，更有一位同学的八十多岁的奶奶听说学校有这样的活动，也想参与其中，为我们的走廊文化展赠送墨宝一幅。

戏剧文化节的门票也是一大特色，孩子们在美术老师的指导下绘制了精美的原创手工门票。孩子们的艺术创造力和想象力，给戏剧文化节增添了又一份惊喜！

3. 戏剧展演，登台亮相

出演戏剧大师曹禺先生的话剧《胆剑篇》，对于每一个五年级的学生来讲都可谓是年度大戏。曹禺先生的《胆剑篇》，再现的正是孩子们所阅读的《林汉达中国历史故事集》中《卧薪尝胆》这一篇章。这部剧角色众多，可以让更多的孩子登台亮相。这是一部"男人戏"，可以让学校的男孩子们更多地展示阳刚之气、正义之气。排练之初，学校邀请北京大学中文系和艺术学院的同学加盟。为了让孩子们感受到戏剧演出的完整过程，教师对"试镜、选角"也作了缜密的安排，现场出题、即兴发挥。孩子们的热情被点燃，各班几乎是全班同学都去试镜。教师鼓励孩子们大胆去尝试。

四幕话剧，剧本修改多达10次，160多名孩子上场，其间的排练、调度谈何容易！没有场地，孩子们的排练只能在楼道进行；网购是万能的，但要为160多人买齐服装却极其考验能力。化妆、摄影，每一个忙碌的身影背后，都有一个信念，那就是：为了孩子们！孩子们也着实卖力，台词读得嗓子嘶哑，连同伴的台词都背得滚瓜烂熟。回到家中，全家配合再练习。更弥足珍贵的是在排练过程中，同伴之间互相探讨、质疑和影响，这是非常珍贵的学习。这样的互助极大地激发着学生的思考，在这个过程中看到别人的想法和角度，看到自己与别人的不同，这是珍贵的收获！

大戏开演，掌声、赞叹，还有哭泣，所有的声音都在告诉我们：这是属于孩子们的戏剧文化节，是全体师生的智慧结晶。"含英咀华"戏剧文化节拉开了孩子们人生第一次近距离接触戏剧、拥抱经典的幕布，从此一发不可收拾，历史剧、课本剧、校园剧、原创剧、毕业大戏……戏剧文化节逐渐沉淀、升级，成为又一个校园文化品牌活动。沐浴在文学与艺术、戏剧与经典、真与梦、美与善的世界里，一颗颗美好的种子播撒在孩子们的心田。孩子们被照亮着、温暖着、滋润着、抚慰着，孩子们的眼睛亮了，心房开了，梦想启航了。每当戏剧文化节的幕布缓缓合上，孩子们心中向真、向善、向美的种子就悄悄长出了嫩嫩的绿芽。

五、年度科技节：引领未来

基于学生需求和学校特点，我校定期面向全体学生举办具有北大附小特色的科普教育活动——科技节，旨在传播科学思想，弘扬科学精神，培养创新意识，在孩子们心中播下热爱科技的种子，激发科技兴趣。在科技节中，《科技改变生活》《巅峰科技从我做起》《科技王国的趣事》等一系列专家讲座，为孩子打开了前沿科技的大门。3D打印、火线冲击、活字印刷、无线电体验、机器人操作、编程挑战、各种手工制作等一系列实践活动，让学生体验并掌握了信息学、光学、电磁学、声学、物理学、数学等学科的基础科学知识。在学校教师和专业科学技术人员的引导和讲解下，学生近距离接触、探索和解密科学现象及其背后的原理，在科学体验中研究发现，在寓教于乐中掌握知识，体验科技在生活中的应用，感受科技给人类带来的巨大影响。学校每年一度的科技节和年级内以及跨年级的一系列科技活动，大大激发了学生的科技兴趣，促进学生积极主动开展科技探索，提高了学生的动手实践和创新创造能力。

六、全员运动会：突破自我

"全员运动会"是针对传统的中小学运动会中"极少数人在跑，大多数人在晒太阳""一年一度的校运动会与日常的体育教学和平时锻炼脱节""学校运动会只是学校内部的活动，与学生家长、与家庭教育、与社会教育无关""学校运动会与校园文化建设脱节""学校运动会与学生品行养成教育脱节""学校运动会与学生的身体素质达标脱节"等诸多弊病而

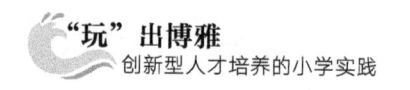

进行的"牵一发而动全身"的根本性的体育改革工作。

2016年春季，北大附小全面深化体育改革，将传统的运动会改革为"全员运动会"，即每个人都有项目，每个人都是运动会的参与者。把学生分为"红、黄、蓝、绿、橙"五个队，孩子一看队服颜色就知道自己属于哪个队。还专门设计了运动会的会旗，代表全员运动会的最高荣誉。运动会的主持人由体育老师和同学担任，把整个运动会所有项目参赛情况统一串联起来，一气呵成地进行解说。

"全员运动会"在比赛项目和比赛形式上进行了创新与开发，形成了一些经典的、很受学生欢迎的比赛项目，如"投包入筐""旋风跑""寻找足迹""50米名次跑"等。"全员运动会"能让同学们与家长、与老师，甚至是与校长一起享受运动、享受竞争、享受阳光、享受友情、享受合作、享受胜利，拥有欢快而难忘的一天。

1. 一次别样的运动会——"全"

寓教于乐的比赛项目，调动了所有孩子的积极性，让每一个参与者都有锻炼的机会。人人参与、层层递进的比赛规则，让每一名小运动员在磨炼中不断超越自己，既动脑又动手，趣味生动。团结、拼搏、争取第一的运动精神激励着每一个小运动员，让他们体验成功的喜悦、失败不气馁、伙伴的加油、教师的鼓励……

2. 一次别样的运动会——有趣

运动会的项目多样，使不同层次、不同年级的学生都能体会获得感。"投包入筐""旋风跑""抬小猪""寻找足迹""最长的绳子""穿越火线"……

仅仅是听到这些比赛项目的名字，就会让孩子们兴奋不已。无论是参赛的运动员，还是公正严明的裁判，或是积极参与的家长志愿者，都能通过参与体验到运动的乐趣，真正让广大师生和家长感受到运动如此简单，运动如此快乐。

3. 一次别样的运动会 —— 团队的力量

无论是开幕式中孩子们的"素质操"表演，还是各项体育比赛，都体现了全体学生的参与意识、团队合作意识和竞争意识，体现了全体裁判员尽心尽职、倾心付出的师德风尚，体现了校领导整体协调、特色鲜明的管理理念。

4. 一次成功的运动盛会

在"全员运动会"成功举办的背后，是全体教师努力付出的师德的体现，是全校学生积极拼搏的精神的体现，是家长们积极参与、无私奉献的高尚品质的体现。此次活动展示了教师们的敬业意识、乐业意识、职业规范意识和勤业意识，也督促教师们在今后工作中不断精进，不断完善自我，不断加强文化素养和教科研素养。"全员运动会"增强了孩子们的集体荣誉感。"全员运动会"的总分评比将一至六年级同数字的班级编成一个计分团队，而不是局限于同年级班级之间的较量，这样一来，孩子们不仅要关注自己班级的成绩，还要关注同数字其他年级各班的成绩，也要为这些班级的同学加油助威。

"全员运动会"已成为北大附小体育改革一道亮丽的风景。每年的运动会，看到的是孩子们洋溢着幸福的欢笑；宣布团体成绩时，是欢乐与遗憾的交融，也少不了教师、家长的祝福与肯定。学校的体育改革换来了学生们的自信、团结、担当。体育改革也让学校的体育教学发生了深刻变革，让体育老师有了方向、有了底气、有了信心。体育改革还让北大附小孩子们的体质测试水平有了明显提升，从改革之初的优秀率34.6%到2021年体质测试优秀率61.3%，真正让孩子们受益终生。

第六章
"以玩育雅"的创新文化

第六章 "以玩育雅"的创新文化

　　学校不仅是学习的地方，更是师生共同生活的地方，联结彼此情感的地方。只要一想到学校，心里有暖意，学校才会成为师生共同生活的精神家园。因此，教育不是掌控，而是应该为提高生命质量服务。教育应该明确指向两个地方：外在和内在。一个人的成长就像是一棵树，小树必须向下和向上成长，如果想要小树长得更高，就必须关注它的根。一所和谐的学校也像一棵参天大树，优美的环境和完善的硬件设施就是大树的繁枝密叶，良好的行为文化是树的枝干，全面和规范的制度是树叶的茎脉，而学校精神则毋庸置疑是大树的根基所在。各个层面的文化通过协调一致的动态作用，实现着对人的真正"改造"，也正是在这样一个动态发展的过程中，教育的目的才真正得以实现。

　　北大附小"以人为本，快乐和谐发展"的办学理念，强调的是尊重、关爱、欣赏、包容、发展，一切从师生的成长、生活需要出发，对人的生命予以尊重，对人的天性予以敬畏，树立全方位育人观，使学生在爱与自由的氛围里学会学习，享受学习，全面发展且富有个性和创造力。

　　多年来，北京大学"思想自由、兼容并包"的精神造就了北大附小民主、自由、多元、开放的管理风气。学校一贯坚持"内强素质，外树品牌"的宗旨，致力于追求品牌学校的责任与担当，力图以底蕴深厚的文化浸润、快乐和谐的课堂学习、民主开放的学校管理，培养学生全面发展。也正是在这种充满爱和自由的校园环境与文化的影响下，学生的主体性和积极性得到了保护和重视，学生的潜力和创新能力得以充分地发展。

第一节　爱与自由的精神文化

教育的本质为何，是一个难以回答的大问题，但我们认为"爱"和"自由"一定是最接近教育本质的两个词汇。

北大附小是在北京大学的母体中孕育成长起来的。在北大精神的浸润下，北大附小所提倡的爱与自由，不是浅层次的、纯感官上的或行动上的爱与自由，而是具有深刻内涵的、体现人生价值的、高层次的精神愉悦。爱，既是一种情感，也是一种能力，它需要我们细心去感受、用心去传递。自由，不仅是尊重孩子，也是尊重生命，它意味着以无限的可能性看待孩子，以不断成长的生命态度对待孩子。"爱"给教育提供支撑基础，而"自由"则给教育提供个性发展的空间。我们相信，爱与自由，能给师生充分的关怀、欣赏和信任，能给师生宽松、惬意、创新的环境，能给师生文化上的包容、精神上的庇护，让每一个生命都得到绽放。

那么，这些理念应该用什么形式传递给学生们？"专心地学习，痛快地游玩"是北大附小在教育实践中最珍贵的传统，是爱与自由的精神文化最生动的体现。"专心地学习，痛快地游玩"不只是学生的专利，也是教师的权利。北大附小鼓励教师们专心地工作，痛快地生活，只有这样，教师们才能以更愉悦的身心、更饱满的精神、更健康的状态投入教学，才能更有尊严、更无后顾之忧地生活与工作。"专心地学习，痛快地游玩"既是教育的真谛，也是生活的真谛。

北大附小爱与自由的文化内涵，体现在"以人为本，让师生在爱与自由中快乐和谐发展"这一办学和管理的总体思考，贯彻在校园环境、学校课程、德育活动、团队建设等因素中，烙印在学校的每一个角落。

人在改造环境，环境也在影响人。在良好的校园生态环境里，学生们耳濡目染，看到的是绿色，感受的是历史，北大的风骨一点一滴、潜移默化地影响着他们。北大附小致力于建设既有着青灰古朴的自然文化样貌，又多元开放的生态文化校园。在校园建设中，北大附小以古树为背景，再点缀以姹紫嫣红的鲜花，为校园增添了无穷的欢悦气氛。学校也保留老北大的品性，将"青灰古朴"定为学校的基本色调，打造"青砖、灰瓦、红廊柱"的北大风格，同时保留所有的名人故居和古建筑。

北大附小在2005年建成了中国第一座生态教学楼，让孩子们不出门就能呼吸到新鲜空气。这所会呼吸的教学楼，从破土动工到最终落成的建设过程中，自始至终都没有损害一棵古树。生态楼建成之后，苍松翠柏相互掩映，给师生们提供了宁静、安全的精神栖息场所。学校新建的泡泡体育馆是校园里又一处标志性景观，驻足在体育馆里，抬头便能望见错落有致的透明泡泡，上面倒映着蓝天白云。不仅如此，校园里还有假山、喷泉、溪水。在学校阳光大厅的正中央，有一处景观古松依偎、山石环抱，中间一汪泉水静静地流淌，天气转暖时，水中还有鱼儿自在游动。每到课间休息，孩子们便总聚在有水的地方玩耍，水的灵动滋养了他们的童年。

一、玩中学，学中玩

什么样的课程能让学生们在玩中学，学中玩？如何让孩子们在玩的同时还能受到最有价值的教育？带着这些问题，北大附小进行了一系列思考和实践，在课程设置中大胆变革。为了顺应孩子们的天性，我们将学科类课程向活动类课程倾斜，同时，逐步构建具有浓厚北大特色的生命发展课程体系。

2011年，北大附小参加了北京市自主排课实验，决定打破国家课程的统一部署，大幅度增加体育、艺术、科学、综合实践活动课时。在体育锻炼方面，每天一节的体育课加上每天的体育活动，让学生们享受阳光体育的时间差不多有两个小时。在艺术活动上，北大附小每年以挂历形式出版学生们的美术作品集，将学生充满灵气的艺术创作生动地展现出来，给大家带来了深深的震撼。

孩子有着爱玩、好奇的天性，为了引导他们在趣味中学习，北大附小开设了"趣味经济学"这一广受欢迎的课程。我们在考察国外的教育时发现，发达国家的基础教育，在知识与能力的培养之外，还关注生活教育，注重培养使孩子终身受益的能力，比如热爱生活、辩证地思考问题等。因此，北大附小从2006年起，陆续选送高晨、刘佳等教师到美国进修教育经济学硕士学位课程。她们回国后，将经济学知识融入学生的生活经验中，开发出一系列寓教于乐的方法，比如用儿童文学作品教授经济学、教室里的迷你经济活动、橡皮泥经济学等，深受学生们的喜爱。

为了顺应学生们好动和探究的天性，我们还开发了"智能机器人"课程，充分发掘他们的创新潜力。北大附小是北京市最早接触智能机器人项目的学校，最初以课外兴趣小组的形式开展。2007年，这一课程被正式纳入学校课程体系。2011年，借着学校自主排课的契机，智能机器人课程的广度和深度再次得到拓展：在课时上，由常规课时变为90分钟大课时；在授课对象上，由三年级、四年级变为所有年级；在教室安排上，由单个的机器人活动实验室变成两间并驾齐驱的机器人专业教室。这一课程探索成果丰富，十多年来，北大附小参加各级各类智能机器人竞赛，荣获国家级金奖上百次。

与建设生态校园一样，我们的课程设计也是有生命的。在学校课程建设团队的构思下，在爱、包容、自由、尊重等四大核心理念的引导下，生命发展课程体系的主要架构为"三层五类"。"三层"分别是：面向群体的基础类课程，面向分层的拓展类课程，面向个体的研究类课程；"五类"分别是：人文素养、科学素养、健康艺术、社会交往、国际理解。每层每类对应着多门课程，总计10个维度，25个课程模块，145门课程。

在尹超校长看来，自由最重要的内涵是选择的自由。只有通过开设多元、开放、立体、自主的课程，才能让每个孩子体味不同课程带来的不同滋养，给予他们更多的自主选择机会和自由成长空间。为了让这样的设计真正在教学中落地生根，北大附小搭建了一系列核心课程，比如博雅语文课程、"生长的数学"课程、"卓·悦英语"课程。

北大附小开设的选修课，是在主课外真正给予学生多元的机会、自由的空间。2015年，在保证国家课程开足开齐的情况下，学校利用周二半天和周五半天时间，为全校学生开设145门选修课。同时，每周还为每个年级学生开放了半天有主题的综合实践活动。对此，北京师范大学裴娣娜教授评价道："北大附小的课程设计有着广阔的视野和去功利化指向，不是解释当下、应付考试，而是重在引导学生思想的自由和人格的独立，最终指向学生在校的自由成长和未来的幸福完整。"可以说，北大附小所进行的是一场变革性的实践。

二、自由平等，包容开放

尊重、开放、自由、平等……这些北大精神衍生出来的品质，深深镌刻在每一个北大附小人的心上，已然成为一种生活态度。

1. 在校园深耕平等意识

学校的整体文化中，有着不趋同、不媚上的品质。不趋同，是每个人都有独立的思想，对事物有独立的认识和判断，不盲从；不媚上，是每个人都是独立的人，既不刻意地取宠于别人，也充分尊重别人的想法。不趋同、不媚上，是在表达自己的同时，也做到与他人真诚相见、坦诚相待，真正为自己的行为负责。

在这样的文化氛围中，北大附小的师生耳濡目染，培养了平等的思想和意识。教师们不怕校长，学生不怕教师。孩子们有想法就表达，教师们有意见就提，不会有任何顾虑。在北大附小，教师们从不习惯对领导使用"官称"，也并不需要看别人"脸色"工作。有位教师来到北大附小，与大家一样叫校长"尹老师"，家长听到了，替她担心："你不怕你们校长啊？"这位教师乐了："不是怕，是爱。"还有教师常说："我不是在这儿挣工资吃饭，而是在给自己家做事。"在北大附小，任何人都有快乐的权利。

平等意识扎根在课堂上，每位教师都能在课堂上发展出自己的教育思想、教学方法。语文课上，贾宁老师带领孩子们学习古诗文，他认为不同的文章有不同的学法。如李白、杜甫之诗，气象开阔，一定要高声朗诵才能领略其雄伟之气概；如韩愈、欧阳修之文，说理细密，一定要虚心涵咏才能探究其深远之意韵。英语课上，范冰老师从语言与文化的立体认知出发，尝试用情感激励、魅力游戏、策略教学三种方式带领孩子们亲近英语学习。数学课上，李正辰老师不惧打破常规，创意教学。有一次，李老师带着学生们自习，忽然，窗外秋风四起，漫天的红叶从天空飘落下来。叶落知秋，李老师看到这样的景象，便毫不犹豫地带着学生走出教室一起欣赏秋天的美景。在他看来，此刻抓住机会感知美好，比在教室里学习更有价值。

2. 让师生畅享自由呼吸

北大附小是一所开放、包容的学校。学校的舞台向每个人开放，每个人的付出都会受到尊重，每个人的才华都会得到欣赏。比如每周学校升旗仪式下的讲话，主角不仅有妙语连珠的任课教师，还有学校保安、保洁员、食堂师傅，他们现身说法，娓娓而谈，为孩子们示范了美的教育。

学校因真诚而包容。在学校工作中，真诚是推心置腹，不是搞仪式、讲排场。比如上级领导来校园视察，我们从不兴师动众，教师们行动如常，孩子们欢笑如常，只有校长与一两位行政领导迎来送往，真诚交流，敞开心灵，真情对话。

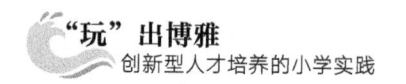

三、开明开化，气韵生动

1. 师资多元异质，团队活力充沛

不能打动人心的教育，不能称之为真正的教育；无法走进人心的管理，不能称之为真正的管理。尹超校长常说，"北京大学附属小学教育家"是所有为教育奉献的北大附小人，是群体，是团队。

包容才能让团队焕发活力。北大附小有一个充分异质的团队，它有三个鲜明的特色：第一，男教师多；第二，高学历人才多；第三，非科班出身的教师多。北大附小教师们的年龄、个性、学科背景、生活阅历各不相同：有国内著名院校毕业的，也有海外留学回来的；有师范专业的，也有学经济、新闻、出版、法律、舞蹈等非师范专业的。由于专业和背景各不相同，老师们能够跳出教育看教育，走出国门看教育，给学校教学工作带来了广阔的视野和奔涌的活力。

北大附小充分尊重教师们的个性，尊重他们的独特思考，乃至特有的生活方式。学校致力于为教师们创设一个温暖、安全、宽松、自由的学校氛围，让他们能够表达自己，善于并勇于表达自己。这样，学校才会呈现百花齐放、和而不同、多元文化相互激荡的局面，学校发展才能拥有面向未来的创造力和更开放的空间。

在一次海淀区的课程比赛中，一名年轻教师代表学校参加，虽然几经磨课，效果就是不理想。赛课之前的一天晚上，数学组长忍不住打电话给尹超校长，提出要么换课，要么换人，不然的话，成绩很难保证。但是，尹校长的回答很坚决：既不能换课，也不能换人。因为人比课更重要。在校长看来，年轻教师渴望被尊重、被认可，或许他的想法还不成熟、不切实际，但这正需要团队去呵护、去激励。成绩很重要，但团队思想相互激荡、共同成长的过程，更加重要。尊重教师、看重团队正是学校开放包容、自由平等的品质的体现，团队正是在这样爱意融融的氛围中，取长补短，积聚活力。

2. 立足国家战略，开放全球视野

2015 年，北大附小响应国家"教育均衡发展战略"号召，承接下了丰台分校、石景山学校、肖家河分校 3 所分校，使北大附小成为由 4 所公办校、1 所实验幼儿园、2 所民办校、1 个市级教师培训中心组成的教育发展集团。这些不是"有名无实"的分校和机构，对它们，北大附小是实打实地投入，尽心尽力地建设。

在此过程中，教师和孩子们共同学习、共同成长。2016 年 5 月 27 日，一场以"放飞理想"为主题的联合文艺汇演，在北京大学百周年纪念讲堂举行。舞台的主角，是来自北大附小本校及分校的孩子们。这一天，在这个舞台上，北大教授的孩子、军人的孩子、农民的孩子、打工者的孩子，同台演出，不分你我，都一样的夺目、一样的大放光彩。

北大附小还有着全球视野。学校逐步树立了国际化的新型办学理念，吸收多元文化丰富自我，并以人性化的管理和创新的体制改革把学校建成了真正的兼容并包的文化交流基地。目前，学校已与美国、加拿大、英国、澳大利亚、日本、新加坡、韩国、印度尼西亚等二十余个国家的小学建立了姐妹校关系，双方定期互访。学校每年选送大批品学兼优的学生到国外学习访问，至今已有几千名学生的足迹遍及美国、加拿大、法国、英国、意大利、澳大利亚、新西兰、日本、新加坡、韩国、印度尼西亚等。通过交流，学生们了解了世界，开阔了视野，培养了地球公民意识，强化了语言运用能力，进而激发了努力学习、积极进取的精神。而学校则在对外交流中积极与国际接轨，逐渐走上了国际化办学的道路，并取得了良好的成效。

第二节 古朴典雅的环境文化

北大附小始建于1906年，前身是京师大学堂附属高等小学堂，1923年改名为燕京大学附小，1952年更为现名，1959年迁入燕东园内王家花园（现校址）。学校占地面积约24800平方米，园内松柏苍翠、花木繁茂。一栋呼吸着时代气息的生态教学大楼，与明清古建、欧式别墅交相辉映。

北大附小是伴随着北大历史的变革与前进的步伐而成长起来的，百年历程留给了北大附小享用不尽的精神资源和思想光辉。一百多年来，北京大学附属小学秉承北大"思想自由、兼容并包"的精神，形成了"以人为本，快乐和谐发展"的办学理念。百年历史遗产留下的文化精髓融合整体育人的教育氛围，无声地浸润着北大附小人，成为隐性教育的滋养沃土。学校环境建设始终坚持"大北大，小燕园"的人文规划，以"赋予环境美育深度，彰显学校文化魅力"为基本策略，对百年老校进行了修旧如旧的环境建设，力图呈现古朴典雅、底蕴深厚、诗性盎然、寓意深刻的风格。

一、大北大，小燕园

1. 青灰古朴，北大品性

学校在硬件环境的改造和完善过程中，特别注重格调与北大相匹配，无论是新生态教学楼的设计，还是旧楼老宅的翻新改建，大到格局、色调的定位，小到一砖一瓦的选择，都精心雕琢，使北大附小与北京大学的文化环境和谐统一，既古朴典雅，充满人文色彩，又具有时代气息，生动活泼。北大附小学生在灰砖红柱的学院风格中，耳濡目染，潜移默化，北大的风骨一点一滴地浸润着他们，儒雅大气之风影响着他们的审美与气质。

2. 典雅葱茏，北大底蕴

北大附小地处清代王家花园，古木参天是学校先天的环境优势。校园内拥有四十余个品种的各类花木，176棵古树，其中百年以上的国家二级古树就有五十多棵。近几年，学校又新增了四百多棵绿竹、十多棵龙爪槐和玉兰树，还有大量的珍珠梅、榆叶梅、金银花、迎春花、红瑞、连翘、大叶黄杨等灌木，使学校真正成为四季常绿、三季有花的"绿色校园"。庭院深深，曲径通幽，红廊绿影，古木繁花，少年学子，穿行其间，风吹叶动，书声琅琅，构成了校园最富生机的风景。

3. 依树而建，尽显自然

北大附小校园力图凸显"小校园，大气象"，从庭院的绿化到教学楼的设计，都力求体现历史与自然、科学与人文的和谐统一。2004年，学校建起了全国第一幢科技含量很高的生态教学楼，于2005年9月正式投入使用，被学生们形象地称为"会呼吸的教学楼"。在校园建设过程中，学校不仅保持百余棵古树原封不动，保持其自然状态，形成生态教学楼依树而建、错落有致的独特格局，而且还专门为保留在教学楼内的一棵古松量身定制设计方案，使其独秀一枝，兀立在阳光大厅之中，尽显自然生态。清流、美石、古松、游鱼，涵养着校园灵动的生气。

4. 名人故居，文化育人

北大历来英才辈出，而在北大附小这块充满文化内涵的校园中，也曾有多位文化名人留下过辉煌足迹。20世纪以来，不少思想家、教育家、文化学家、历史学家、诗人先后莅临、任教于此，他们的故居和寓所，都留下了珍贵的历史资料。经过悉心整理，我们镂刻诗文，寄寓教育的深意，让人文景观与育人价值深度融合，百年老校因此焕发出青春的生机与活力。

王家花园曾是中国著名文物及传统文化专家王世襄先生的私宅，园内花木繁茂、生机盎然。其间一座中式建筑雕梁画栋，古色古香，引人注目。2003年，王世襄先生为这座老屋题写了对联："名曰花园种菜范匏还架豆，号称学子遛獒放鸽更韝鹰"，勉励北大附小学生在玩中学、学中玩，玩出名堂，玩出文化，玩成"大雅"。王世襄先生的传奇一生，深深影响着北大附小的孩子们。

北大附小校园内还有三座欧式别墅，其中"翦老故居"是著名历史学家、中国马克思主义历史学主要奠基人之一翦伯赞先生的故居。中华人民共和国成立以后，时任北京大学副校长、历史系教授兼系主任的翦伯赞先生，在这栋楼居住了17年，经常有中央领导人如林伯渠、徐特立，民主人士和少数民族代表如章伯钧、雷洁琼、赛福鼎·艾则孜，文化艺术界人士如郭沫若、范文澜、田汉等来访，为这栋小楼带来了极高的声誉和空前的光辉。2008年4月14日，北大附小隆重举行翦伯赞先生故居揭牌及铜像落成典礼。

另外两座欧式别墅分别是著名法学家、法学教育家陈守一先生的故居，以及现代著名散文家、诗人、文艺理论家何其芳先生的故居。20世纪五六十年代，这两栋欧式小楼，常有俞平伯、钱锺书等知名学者往来其间，呈现"谈笑有鸿儒"的盛景。

二、十二景观，文化长廊

1. 十二景观 —— 涵养人文，诗意栖居

随着校园环境的不断完善，加之有着百年历史和文化积淀，北大附小逐步形成了独特的校园文化。学校师生推选出了最具特色的十二景观——奇石萌发、南极标赞、五色沃土、励志箴言、古松情深、乳燕初飞、水墨桎柳、海棠春韵、百草嬉戏、翦老故居、王家花园、放飞理想。师生们各显才华，为每一处校园景观都创作出一首七言诗，为优雅的景观赋予了更深厚、更丰富的文化内涵，把"赏校园、爱附小、讲礼仪、做主人"的教育理念融于文化熏陶与感悟之中。

奇石萌发

奇石天成出曲阳，学府西畔护校园。

朝霞绯绯映苍天，新意萌发励少年。

"奇石"名曰"曲阳红",2005年采自河北曲阳县。曲阳红,天然石材,色泽红润,宛若朝霞。正面刻有"北京大学附属小学"中英文字样。背面巧用石材本身的纹理与色彩,刻出冉冉升起的一轮红日。红日上刻有:"学生们像一粒粒饱满的种子,在阳光、雨露、沃土的滋润下茁壮成长。"旭日朝霞,预示着北大附小更加美好光明的未来。此石矗立于学校西门外,成为学校的标志,渗透学校的办学理念。

南极标赞

南极遥遥雪漫漫,北大少年踏冰川。

和平凝聚纪念标,友谊共存永流传。

学校五色广场西南角有一块巨大的青白石,上面竖立着一尊铜质纪念标。这是北大附小校园文化景观第二景——南极标赞。1985年,我校师生共同设计了南极长城站"中国少年纪念标"。我校杨海兰同学代表中国少年儿童远赴南极,为南极长城站"中国少年纪念标"揭幕,这项活动已载入了中国少先队史册。2017年1月,尹超校长率领北大附小师生一行共18人,在"一带一路"青少年和平友好发展国际联盟科学家的带领下,再赴南极,庆祝纪念标落成30年。南极纪念标将永远激励着北大少年不畏艰险,敢于探索,向着科学领域不断进发。

五色沃土

石分五色晶莹耀,竹集一圃骄洁茂。

少年操练沐朝阳,诵读放歌乐陶陶。

北大附小西门广场，有一块五色花形地台，掩映在繁花翠竹之间，名曰"五色沃土"。外观是菱形花朵图案，五个方位铺着青、红、白、黑、黄五种颜色的卵石，它传承了中国传统文化中和谐、统一的内涵。"五色"象征着多元的课程文化、多彩的校园生活。一粒粒五彩石子形似饱满的种子，寓意为少年在北大附小育人的沃土中汲取养分，健康、快乐地成长，用丰富的学识奠基自己的五彩人生。

励志箴言

苍松翠竹映书影，朝霞红石刻箴言。

前辈题书意深远，少年立志莫等闲。

1991年12月11日，冰心老人来到北大附小，为师生亲笔题词"专心地学习，痛快地游玩"。朴实的语言，寓意深远，启迪学生领悟学与玩的真谛，成为学校教育的追求与努力方向。2004年，这句朗朗上口且寓意深远的话被定为校训，2005年"励志箴言"书形石雕在校园落成，象征着少年学子畅游书海，在书香校园中浸润成长。

古松情深

百年苍松历风雨，浩然荡荡显正气。

迎送宾客伴师生，笑语盈盈诉真情。

北大附小校园中有几十株百年古松，古朴典雅，气势非凡。尤其是保留在阳光大厅内的一棵古松与教学楼外的两棵迎客松，造型奇特，受到师生的喜爱，成为校园独特一景——"古松情深"。古松朝迎暮送，陪伴北大附小少年的成长。它们代表正直、朴素、坚强的品格，给人启迪和力量。

乳燕初飞

学府深深傍西山，未名博雅照燕园。

人杰地灵出英才，乳燕初飞震宇寰。

学校阳光大厅里有一幅大型立粉壁画《乳燕初飞》。这幅壁画浓墨重彩、金碧辉煌，画面描绘的场景宏远大气，意境深远：未名湖畔杨柳依依，博雅塔下紫燕群飞，燕园校舍古色古香，水墨桎柳郁郁葱葱。它将北京大学、北大附小的自然环境、人文环境及"乳燕初飞"的深刻寓意都精心地浓缩于这一方壁画之中。

著名文学家袁鹰老先生曾为北大附小师生题写了这样的寄语："半个多世纪以来，北大燕园里先先后后飞出了数不清的紫燕：革命家、科学家、文学家、艺术家，以及各条战线上的优秀人物。他们以自己的忠诚和才智为我们古老而又年轻的华夏大地增添了无边春色。今天，我们又看到一批又一批乳燕展翅起飞，呢喃燕语，使人欣喜。我衷心地祝福你们飞得更高、更远，无愧于前辈地飞向二十一世纪。"

水墨桎柳

奇柳青青烟朦朦，枝细叶瘦绿葱葱。

稀世古树誉京城，和谐校园展新容。

北大附小古树参天，花草繁茂，其中一棵柽柳形态奇特，绒绒细叶随季节变化而色彩斑斓，在北京园林中甚为少见。柽柳是最能适应干旱恶劣环境的树种之一，春去秋来，它历经风雨，顽强生长，年逾百岁，见证了北大附小的发展，附小师生以其为荣，对这棵珍稀古树备加爱护。它让北大附小的孩子们懂得了：爱附小，要从爱惜每一棵树做起。

海棠春韵

葩吐丹砂出新芽，一树烂漫若明霞，

最喜风雕雨琢后，儿童奔走笑春花。

每逢春天，学校操场北侧的那一树灿若明霞的西府海棠就格外引人注目。漫步校园，海棠初绽，令人欣喜。海棠花下，孩子们自由地奔跑嬉戏，欢声笑语飘舞在花繁叶茂的海棠树间。春风吹来，落英缤纷，孩子们在树下捡拾、捧接飘落的花瓣，童趣无限……每天与海棠树相伴，同学们就像对待好朋友一样去欣赏它、爱护它。春去春回，这株海棠为北大附小带来了美好与祥和。

百草嬉戏

百花争艳吐芬芳，草色青青碧玉妆。

园中顽童忙嬉戏，欢歌笑语心飞扬。

中国著名文学家、思想家、革命家鲁迅先生曾在北京大学中文系任教，为北京大学设计校徽，校徽沿用至今。鲁迅先生的文章深受几代读者的喜爱，而他笔下的童年记忆——"百草园"，更是深深印在读者心中。为了

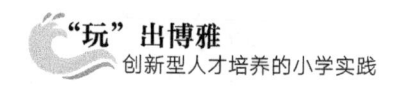

纪念鲁迅先生，北大附小在校园北侧的院落中，树起一块刻有"百草园"字样的雪浪石，这一方绿草萋萋、鸟鸣蝶舞的小天地，成为孩子们嬉戏的乐园。

翦老故居

古树荫荫掩故园，芳草萋萋映窗轩。

疾风已过桃李香，新园新风铸师魂。

在校园最北端荫荫古树的掩映下，有一座古朴的欧式小楼——翦老故居，它已有百年历史，这里曾是北大著名历史学家、中国马克思主义历史学主要奠基人之一翦伯赞先生的旧居。

王家花园

秋黄春紫扮妆廊，青檐红柱俏雕窗。

历经风雨沧桑筑，还看今朝少年郎！

在北大附小校园中心有一座古色古香的明清建筑，那就是王世襄先生的故居。故居的石阶上，两根粗大的红色廊柱上赫然题写着一副楹联："名曰花园种菜范匏还架豆，号称学子遛獒放鸽更韝鹰。"王世襄先生在用这副对联勉励同学们专心学习的同时，也自谦地说："在北大的四年大学，玩物丧志，荒业于嬉，要以大学之我为戒。"王世襄先生学识渊博，在文物研究与鉴定上有着很深的造诣，尤其是对明清家具、髹漆和竹刻等均有深刻的研究和独到的见解，被人们称为"京城第一玩家"。他玩出了大雅，玩出了文化，玩出了"世纪绝学"。王世襄先生的传奇一生，深深影响着北大附小的学生们。

放飞理想

浅草新芽珠露降，飞燕踏波意气扬。
斜风细雨穿长空，壮志凌云画诗行！

坐落在校园中心的镂空石雕"放飞理想"，是一组现代创意与学校教育思想相结合的艺术作品，想象力丰富、蕴含激情。一群群紫燕振翅高飞，穿越时空，飞向更高、更远的宇宙。著名国学大师季羡林先生为北大附小题写的"放飞理想"四个遒劲有力的大字镶嵌在这座石雕上，激励少年学子如紫燕一般，搏击长空，胸怀理想，放眼未来。与主体雕塑相呼应的是后面的音乐喷泉，每当音乐响起，水柱腾飞，煞是壮观。石雕、题字、喷泉、水花，动静结合；小池、卵石、飞燕、古树，完美和谐，构成了一幅生机勃勃的校园图景。

2. 走廊文化——滋养心灵，丰富情感

系列壁画"四育赋"，集中体现了多年来北大附小在德、智、体、美各方面的教育理念及特色。画面采用传统立粉画法，以四季为基调，展示了同学们丰富多彩的校内外活动场景。每幅图画配赋一首，时时激发学生积极进取、勤奋向上的精神。

教学北楼"艺术长廊"呈现了北大附小特色艺术活动——娃娃京剧的蓬勃开展。大型壁画《国粹飘香》，把多次专场演出的精彩瞬间巧妙融合在一起，绚丽的服饰、传神的表情、动感的画面，传达出孩子们对民族艺术的喜爱，生动展示了北大附小学生常年在国粹艺术的浸染下不断提升的艺术气质。同时，艺术长廊也是学生们自己的艺术作品天地，书法、国画、水彩、剪纸、蜡染、脸谱……形式丰富，异彩纷呈，充满童趣。

高品位的校园文化让孩子们在潜移默化中接受了人文思想的陶冶，丰富了自己的情感世界，让师生在共同的精神家园和文化乐园中，和谐相处、共享幸福。

三、文化标识，灰红相映

1. 校风、校训、校徽、校歌

（1）北大附小校风——快乐、进取、儒雅、大气

快乐意味着真诚善良、内心美好、谦和乐群、积极向上，快乐源于学生们心中的淳朴真诚，是人生的财富，北大附小致力于让学生们享受学习、生活、成长的快乐。进取意味着志向高远、自信自强、勤奋乐学、求真创新，进取是成功的起点，北大附小致力于让孩子们充分挖掘自己的潜能，鼓起战胜困难的勇气，走向光明的未来。儒雅意味着谈吐优雅、举止端庄、学识深湛、谦恭礼让，儒雅反映人的德行，北大附小致力于培养孩子们做谦谦学子，以君子风范展翩翩少年之风采。大气意味着从容大方、胸怀坦荡、宽容大度、乐于分享，大气是一种纳百川、怀日月的气概。细致做事，大气做人，不自卑，不倨傲，方可成就大事！

（2）北大附小校训——"专心地学习，痛快地游玩"

1991年12月11日，燕京大学的著名校友、91岁高龄的冰心为北大附小亲笔题词："专心地学习，痛快地游玩"。冰心老人的题词意味深长，

表达着老一辈对北大附小少年的殷切希望，希望孩子们从小立大志，学本领，不虚度时光，不仅要专心地学习，还要痛快地游玩，玩出强健的身体，玩出高雅的情趣，玩出快乐的童年，学会学习，学会生活，享受美好人生。

2004年，北大附小将冰心题词定为校训，并将其镌刻在书形石雕上，形成校园一景——励志箴言，激励着一届又一届的北大少年奋发向上，快乐成长。把十字箴言作为校训，表明了北大附小努力理解儿童、以儿童的视野认真办教育的立场：孩子的天性是爱玩的，孩子的学习也应该是快乐的。作为学校，就应该营造一个适宜儿童成长的、鼓励学与玩的环境，让孩子们在这里专心学习、快乐成长。

（3）北大附小校徽，设计精巧，寓意深刻

2003年，在"提倡校园精神，树立良好校风，师生携手奋进，共创人文附小"的教育活动中，学校组织教师开展了一系列校园文化设计活动。其中校徽的设计图经过多次调整和修改，成为北大附小的标志。

校徽整体为圆形，蓝白两色，层次鲜明。由外、中、内三个圆环形成了层次变化。最外环的一圈文字是北京大学附属小学的全称，上面是中文，下面是英文。中环部分是校徽的主体图案，两只对称的乳燕，两首相对，尾翼上扬，乳燕下方的数字"1906"，表明了北大附小的始建时间。内环图案是北京大学的校徽，由鲁迅先生设计，以此表明北大附小与北京大学一脉相承的关系。图6-1为北大附小校徽。

图 6-1　北大附小校徽

北大也称"燕园",老师们喜欢把在北大文化浸润下茁壮成长的北大附小学生们,称为"燕园中起飞的乳燕"。一枚小小的校徽图案分明、寓意深刻,表明北大附小秉承北京大学的传统精神,积淀了深厚的文化底蕴,形成独特的育人理念。

(4)北大附小校歌——《乳燕初飞》

2005年,学校对50年未变的校园进行了整体规划和彻底改造,硬件、软件环境得到了翻天覆地的改变,学校也进入了前所未有的高速发展阶段,百年老校焕发新的生机。学校决定重新创作校歌,并成立新校歌创编小组,制定了创作原则:注重以人为本,突出北大附小独特的文化气质,树立北大少年的健康形象,同时发扬民主,倡议全校师生共同参与创作。

北京大学中文系知名教授张颐武先生也热心参与,和北大附小师生共同创作。经过一个暑假的筛选、整理与汇编,又经过创编小组的反复讨论、推敲与修改,凝聚着北大附小师生心血的新校歌歌词终于诞生!

《乳燕初飞》

未名湖畔，朝霞石旁，

紫燕喃喃，书声琅琅。

五色沃土，新苗茁壮，

春风化雨，桃李芬芳，

北大少年，快乐成长，沐浴温暖的光芒。

乳燕初飞，向着蓝天，展开理想的翅膀！

歌词通俗易懂，意味深长，既体现了北大附小浓厚的文化氛围和独有的校园景观，也塑造了求知好学、胸怀理想、快乐成长的北大附小少年形象，同时，生动展现了北大附小教师投身教育事业的博大胸怀和奉献精神。北大附小"快乐教育"理念也蕴含在歌词之中。著名作曲家戴于吾先生为新校歌倾心谱曲。清新流畅、充满深情的旋律配合朗朗上口的歌词，堪称"珠联璧合"，一经试唱，便令师生爱不停口。2006年9月开学不久，新校歌《乳燕初飞》就在校园里传唱开来，成为北大附小孩子们最喜爱的歌曲之一。

2. 灰红相映的学校标识系统

校园文化，像和煦的春风一样，吹送至校园的各个角落，渗透在全体师生员工的观念、言行、举止之中，渗透在他们的教学、科研、读书、做事的态度和情感中。北大附小开发了体现北大传统的灰红相映的学校标识系统，依托生态教学楼、明清古建、泡泡馆、名人故居等历史文化、景观文化，不断丰富隐性教育资源。学校注重细节建设，统筹规划，精心设计，衍生出以灰红色调为主体的系列文创产品、研究成果、管理文化等。北大附小学生在灰红古朴的环境色调熏染下，日渐熟悉、认同学校的文化符号和标识，这些触手可及的景与物，在潜移默化中提升着孩子们的审美志趣和艺术修养。浓缩历史脉络的文化印痕，引发艺术美感的建筑环境，融合成学校整体文化标识，成为北大附小师生生命教育的共同印记……

第三节 以情动人的管理文化

一所学校，如果其文化有历史底蕴，有时代品位，那么，教师团队文化自信的建立自然水到渠成，就能产生为学校、为教育而勤奋工作的凝聚力和内推力。学校管理文化要形成内推力，又必须获得教师团队的集体认同：只有教师团队集体认同的文化，才能产生温暖人心、焕发生机、激发生命热情的力量。

深刻的理念滋养，幽雅的环境陪伴，北大附小人在这座美丽的校园之中，在内在集体认同的驱动下，相知相伴，相守相望，并肩而行，形成了以情感人、以情动人的独特管理文化。

一、和谐卓越的集体人格

任何一种文化，其终极成果显现都是精神和人格塑造。积极向上的文化可以塑造积极向上的精神与人格，反之亦然。一个团队一旦形成了积极向上的集体人格，这种文化的价值就显得弥足珍贵，它将化为学校教师团队投身教育无可替代的内推力。北大附小正是在这种思想的引导下，塑造了学校一以贯之的集体人格。

1. 民主平等的传统

"民主、平等"是北大附小最可贵的传统与风气。多年的文化积淀以及不断优化的软硬件改造建设，形成了团结、凝聚、豁达、开拓、向上、进取的北大附小人的精神，宽松、民主、和谐、激励的北大附小管理理念，科学、高效的管理模式和优胜劣汰的竞争体制，激励、创新、活跃、宽松的学术氛围，积极、向上、温馨、和谐的校园文化。

学校坚持以人为本，既要以学生为本（无疑，学校一切工作的出发点和落脚点都是为了学生），也要以教师为本，全心全意依靠教职工办学。教职工是学校的真正主人，他们自身的发展与进步程度、是否热爱教育事业、工作是否积极等，都在很大程度上影响着学生及学校的发展。学校必须依法治教、民主管理，发扬广大教职工的主人翁精神，激发大家的工作热情，转变学校管理模式，为师生创建一个民主、和谐、人性化的环境。

北大附小秉承北大"思想自由、兼容并包"的精神，把民主、平等的思想融进血液，渗透在学校的一言一行里，内化在师生的一举一动中。尹超校长有这样一句话："我们学校每一个人都是重要的，没有一个人是最重要的。"她鼓励大家真诚相待，互相欣赏。学校199名教职员工，每个人在她心里都有位置。最重要的，就是传播真正的"人人平等、相互尊重、互相欣赏"的信念。

2. 多元异质的构成

"宽口径、厚基础、大视野"，多元异质的教师团队为学校的建设与发展注入了生命活力。因此，学校以爱和尊重为宗旨，创设以人为本、张弛有度、温馨舒畅的管理文化，主张"快乐是师生的权利"，"尊重老师的个性以及个性化的生活方式"，努力营造"包容异见、宽容失误、鼓励创新的学校氛围"。在北大附小，"没有完美的个人，只有完美的团队"的理念深入人心。

3. 和谐卓越的追求

打造和谐卓越的团队是学校发展的保证。北大附小有199名教职员工，这样一支队伍需要一种内在的精神支撑、一种自发的动力驱动。团队的领导和管理者，则需要站在理论高度上，以战略的眼光来充实北大附小精神的内涵，也就是团结、凝聚、豁达、开拓、向上、进取的精神，并使之浸润在校园的每一个角落，成为北大附小人共享的精神宝藏。

二、以人为本的管理理念

发掘人的潜能，发展人的个性，最大限度地发挥人的积极性、主动性和创造性，营造民主、和谐、宽松的氛围，充分尊重人、理解人、关心人、信任人、提升人，是实现学校和谐发展的基础和先决条件。在北大附小的发展和建设历程中，无处不体现着这一理念。

1. 坚定不移地实行校务民主

学校管理团队共14人，老中青结合，全部为研究生学历。市、区学科带头人、中青年骨干教师和中学高级教师，以及获得市、区级荣誉的有7人，其中特级教师1人、博士1人。我们坚持每一个班子成员都是管理的主体，都是学校的顶梁柱。这样既能广泛地听取各种意见、吸纳多方面信息，使学校方向明确，又能使每个班子成员感受到自己的价值，从而充分发挥聪明才智，形成和谐合作的领导集体。

2. 努力激活和优化内部管理体制

其一，人事制度方面，北大附小执行北京大学人事处"流动编制全员聘任制度"。严把进人关，对应聘者年龄、学历、能力各方面全面考核，经北京大学人事处调研听课后方可转为正式在编。近年来，学校以先进办学理念、人本管理特色不断吸引本区、市乃至全国的优秀教师加盟。学校以慎重的态度对教职工队伍进行优化重组。教师的转岗、解聘，学校"给时间，留余地，垫台阶"，"一碗水端平"，因此做到了人人心服口服，没有留下任何"后遗症"，也很好地强化了竞争意识、责任意识。其二，结构工资方案涉及每一名教职员工的切身利益，学校坚持科学的态度，开展深入细致的调查研究，坚持民主运作，调动员工参与，稳步推进，使工资调整方案逐步完善。北大附小实行的一系列人事制度改革，规范了管理，调动了积极性，加大了竞争力度，促进了学校管理水平、教育教学水平的提高，形成了成熟的有生命力的人事管理制度。

常规管理方面，学校实行宽松、人本的活化管理制度。教师每周有弹性的休息时间，生日会收到学校的生日贺礼。学校还增设校长接待日、家长开放日，开放网上家长论坛，方便家长随时与学校、教师沟通，形成家长、社会、学校三方教育合力。

学校建立了以校长为中心的教学指挥系统，即在校长领导下，各类人员职责明确，由副校长、教导主任、教研组长对教学进行全员、全程、全面的层级管理，做到教学常规落实、学籍管理严格，从而使教学工作规范、有序、高效。学校确立了教学工作发展总目标，即建立一支高素质的研究型教师队伍，实现教学原则科学化、教学方法多样化、教学过程优质化、教学管理规范化，出名师、创风格，将学生培养成为有个性、可持续发展的人才。为确保这一目标的实现，根据学校实际制定了一系列制度：教学管理条例、教科研条例、教研组工作条例，以及教师备课、上课、批改作业、奖励等制度，使教学管理有规可依、有章可循。从周安排、月安排、学期计划、学年计划到五年规划的步步落实，各阶段目标有条不紊地得以实现。

3. 精心打造情系北大附小的团队精神

在一个好的团队里，生命影响着生命，心灵感染着心灵。人，只有在自由和愉悦的状态中，潜能和创造精神才能得以激发。学校靠制度和条例管理是必要的，而建立在文化底蕴影响和集体价值认同的基础上的隐性管理，是更持久、更有效的。一方面，学校长期坚持以人为本的管理理念，实行以"人和"为契机的宽松、民主、和谐的管理模式，用浓浓的"情"字链接北大附小人的心，教师之间倡导宽容、理解、信任与合作，为自己的成功而拼搏，为别人的成功而快乐；另一方面，学校充分发挥团队优势，集思广益，海纳百川，使教师在与同事、同行教师的研讨、思维碰撞中产生强大的内驱力，不断提升自己的教育教学水平，促进学校教师整体水平的提高。

4. 让每一位教师实现自己的人生价值

以人为本，就是关注人的发展，努力促进每个人提升。激励和帮助教师实现自我成功是我们最重要的工作之一。校长和主管教育教学的干部，无论多忙，每学期听课都不会少于100节，做到对每位教师的业务水平心中有数。我们为每一位教师的发展创造条件，规划蓝图，为他们充分发挥自己的潜能、形成自身教育教学特色出谋划策。我们强调教师根据自己的特质，选准突破口，努力成为独一无二的自己。我们的教师不是要"照亮别人，熄灭自己"，而是要在照亮别人的同时，让自己闪烁出更加耀眼的光芒。

三、精准助力教师专业发展

学校的竞争力归根到底是人的竞争力。在人的因素中，教师又是极为重要的因素。因为在教育过程中，教师处于教育者、组织者的地位，是学校开展教育教学工作、实现教育目标的主导力量。教师队伍整体素质的高低对学校教育质量的高低有直接影响。北大附小要创办"国内领先，世界一流"的学校，当然离不开一支优秀的教师队伍。

北大附小教师整体力量雄厚，专业精神、专业道德、专业情感、专业知识和专业技能都十分突出。他们以全心全意为学生发展服务的高尚师德、真才实学、独特的教学风格和特色施教，在社会上享有很高声望。北京市、海淀区、西苑中心学区三级学科带头人在教师中占很高比例。青年教师融入学校后，能很快达到资深教师的水平。北大附小成为汇聚和造就优秀教师的基地，成为不断产生新思想、新理论、新经验的学术殿堂。

优秀教师队伍的建设不是一蹴而就的，它需要最大限度地调动教师的智慧与能动性，需要在增强教师的使命感、教师职业信念和教育教学实践能力这一系统工程上做好文章，走出自己的路。为此，北大附小实施校内体制创新，坚持人才强校战略，发展校本培训制度，为教师发展创造了各种条件和良好环境。

1. 创新校本培训模式

校本培训以学校为单位，面向本校教师，内容以学校的需求和教学任务为中心，其目的是通过培训，增强教师对工作的使命感、紧迫感和自我进取的意识，使他们开阔视野，更新教育观念，加快知识结构的调整优化，提高自我发展的能力，从而推进学校教育的整体运作。当前，校本培训是中小学教师接受继续教育、提高自身业务水平和教育教学能力的重要途径。其中，如何开展校本培训、学校应拥有什么样的校本培训理念，是其作用能否发挥的关键。基于这一点，北大附小在结合自身实际的基础上，创新校本培训模式，坚持"应教师所需、助教师提高、帮教师成功"的校本培训理念，在开展校本培训过程中，突出自主性、灵活性，重视纵向引导和横向交流的结合，创出了自己的特色。

2. 志存高远，师德高尚

校本培训不能脱离学校长期形成的优秀的传统文化，因为这种传统文化是学校宝贵的财富。北大附小在教师当中始终坚持不懈地开展"事业心、责任心、进取心，爱学校、爱学生"的传统教育活动。多年来，学校还结合工作实际不断创新教师职业道德培养模式，让各种不同的活动融合起来，积淀校园文化，弘扬附小精神。活动的开展，对学校教师的职业观和工作态度产生了积极的影响，教师们逐渐达成了共识。

3. 自尊自主，自我反思

在校本培训中，教师不仅是实践者，也是研究者。自我反思可以使教师的教育理论水平和教育教学能力得到不断提高，这也是教师发展成长的有效方式。北大附小在开展校本培训的过程中重视培养每位教师的自尊、自主与自我反思意识，强调每位教师要自信，要客观地分析自己的优势和不足，扬长避短，充分发挥自己的优势，制定科学合理的成长目标与专业发展规划，并直面自我实践中暴露的问题，不断地自我反思，尝试用不同的方法和策略解决问题，发挥自己的人格魅力。

在每一次教研、科研活动中，我们都不忘提醒教师们要进行自我反思，提示大家反思可以从多角度进行，如从自我经历反思、从学生的眼睛看问题、与文献对话等，并使大家明确，反思不是一般意义上的"回顾"，而是思考、反省、探索和解决教育教学过程中存在的问题。在这样的引导下，北大附小的教师们对反思的重要性有了深刻认识，反思水平也不断提高。教师经常通过撰写反思日记、教学后记、案例分析、教育叙事和行动研究等方式，思可取之处、思不足之处、思疑惑之处、思重难之处、思创新之处，不断提升自己的素养，实现可持续发展。一些教师已经形成或正逐步形成自己的教学风格和特色。

4. 团队合作，共同成长

教研组（年级组）是落实学校教学工作计划、开展教学研究、进行学科教学管理的重要基地。在校本培训中，教研组还是培训教师的重要阵地，成为了一个学习型组织、一个有力向上的团队。在教育改革形势日新月异的今天，学习应该是每一名教师的生存态度，而任何一项学习活动都需要在团队中互相促进，所以建设学习型教研组非常重要。

建设一个好的教研组和年级组的关键因素，首先是选择一个好的组长。

北大附小针对各教研组、年级组人数较多的状况，任用工作中有良好的师德修养、优秀的业务素质、出色的组织能力、勤恳的工作态度的教师为组长，加强教研组、年级组的建设。同时任命8位市级学科带头人（市级骨干教师）为主任，分别主管高、中、低年级的语文、数学、英语教学。在各教研组组长及主任的带领下，北大附小教师经常开展集体备课、教学观摩、说课评课、案例分析、问题会诊、专题研讨、教学沙龙等教学研讨活动，就学校的各项科研课题、学生问题等展开讨论，加强沟通，分享经验。

教无定法，八仙过海，各显其能。教师之间迥异的教学特质是一种宝贵的教学资源，发掘每位教师头脑中潜在的想法、直觉和灵感，共享隐性知识（个体长期实践中摸索而积累的），能使每个人的教学特质得到不断增强。北大附小教研组的研究活动使集体的智慧处于共同发展之中，促使每位教师开放自己，敞开胸襟，接纳别人，接纳鲜活的精神财富，形成相互交流经验、相互切磋心得的研究团队。教师在群体资源的开发过程中互补共生，不断成长。

5. 理论对话，专业引领

"为了学校，在学校中，基于学校"的校本培训并不意味着仅局限于学校内部。单纯内部的交流与学习会使学校囿于同水平的反复，迈不开实质性的步伐，甚至会停滞不前，从而导致形式化、平庸化。校本培训中，与外部人员，尤其是专业研究人员的对话是不可缺少的，因为专业研究人员的参与是教师专业化成长不可或缺的因素，他们在拥有信息和资源方面具有优势，他们的参与有利于校本培训向纵深、可持续性的方向发展，为教师输入新鲜血液。发挥专业人员的优势在北大附小得到了很好的重视。

北大附小领导每学期都会邀请专家学者到校讲学,选取不同的主题,以不同的形式与教师进行交流。近年来举办的各类专题讲座有:北京师范大学教育学部钱志亮教授的《排解教师压力》,北京师范大学心理学院刘儒德教授的《解读教师》,知心姐姐卢勤老师的《爱的教育》,北京大学副校长刘伟教授的《经济教育讲座》,本校高晨老师的《美国经济与创业教育》,美国GKE教育集团项目总监的《项目合作教学课程》,以及《语文快速阅读》和《信息技术与教育平台的搭建》等。除了专业研究者的讲座外,学校还请张思明、赵谦翔、窦桂梅等特级教师到校讲课、座谈,介绍他们的教学经验。另外,学校还会不定期地邀请国外(如美国、日本等)的教师来做报告、参与研讨。不同领域、不同学校、不同国别间的学习与交流,对于北大附小教师不断接触新的教育教学理论、学习他人的教学经验等起到了很好的作用,教师的理论素养提升也很快。

除了向他人学习外,学校还布置理论学习作业,让教师根据自己的研究方向选取学习内容。近五年来,北大附小教师的理论学习笔记、论文、案例每人平均3万多字。学校还运用激励杠杆,对论文获奖者、发表者不仅进行大力表扬,而且给予高奖励,以鼓励教师进行不断的理论学习。

在向专家学习、不断汲取理论营养的过程中,北大附小教师不断地丰富自己、提高自己、完善自己,思维得到不断拓展,理念得到不断更新,专业水平也逐步提高。

6. 国际交流,开阔视野

了解世界上其他国家的教育思想、教育内容、教育方法,汲取其中适于我国国情的精华，并创造性地运用，对培养具有国际意识、国际交往能力、国际竞争能力的人才十分重要，也是教师素质不断提升的重要途径之一。北大附小领导能够站在国际视角来审视学校，正确看待和分析学校所面临的各种机遇和挑战，积极参加国际交流活动，实施"走出去"和"引进来"的战略。

北大附小已与美国宾夕法尼亚大学教育学院、加拿大圣乔治学校、日本岩手大学附属小学、韩国首尔大学附属小学、新加坡公教中学附属小学、美国长岛公学、美国GKE教育集团等国外学校和教育机构建立了长期的交流培训计划，双方通过派教师互访等形式加强交流。例如，学校选派了英语组范冰、刘桂红老师赴伦敦参加了为期两个月的暑期英语培训，派高晨老师赴美国特拉华大学经济学院攻读硕士学位。学校还与美国GKE教育集团进行信息技术交流，促进了教师国际化教育理念的形成。

这些国际间的学术交流与科研合作，营造了学校浓厚的学术氛围，使教师受到其他国家和地区学校学术风格的陶冶，开阔了眼界，从而激发了上进心、事业心和求知欲，不断进步。例如，1996年，北大附小和美国宾夕法尼亚大学俞大维博士合作，运用美国心理学会主席马丁先生的研究成果，由学校两位教师为学生举办了30学时的"乐观人生课程训练"。这次训练使学生获得了很大益处，教师也受益匪浅，心理教育方面的相关知识得到了提升。

7. 导师制度，以老带新

刚刚走出校门、来到北大附小的青年人，面临着身份的转换，即要由学生变为教师，走进课堂。初为人师，必然缺乏实践经验，需要人来指点引路。学校领导会与他们亲切交谈，倾听他们的想法和要求，也一定会讲述北大附小人的奋斗史、胸襟与情怀、目标与未来，谈及他们的激情与向往、决心与干劲，鼓励新来的教师超越自我，在北大附小的校园中实现自己的理想和追求。另外，学校会请经验丰富的班主任、学科带头人和快速成长的青年教师与新教师一起开座谈会，畅谈工作、畅谈学生、畅谈学校、畅谈人生，使新教师尽快融入集体，让科学、民主、进步、和谐精神进驻他们心田，使敬业、爱生、勤学、善教成为教师们的共同作风。为了加强教师队伍建设，促进青年教师快速成长，北大附小利用学校内优势资源，实施"导师制"校本培训模式，充分发挥名优教师示范引领作用。

针对新教师的特点，北大附小从校内挑选师德作风过硬，教学业务能力强、经验足、效果好的教师担任"导师"，对其进行一对一的指导，从备课、上课、课后辅导到作业批改，从组织班队活动到与学生个别交谈及家访等。对导师，学校给予报酬，导师要对学校和青年教师负责。除了实施"以老带新"的方式外，北大附小还不断鼓励青年教师，使其在优秀教师的带领下，不断挑战自我，提升自我。

8. 榜样学习，提高自我

在校本培训中，榜样示范作用是教师自我发展的动力源泉之一，因为这些榜样都是身边活生生的人物，既贴近现实，又具影响力。学校经常树立正面典型，发挥榜样作用，引导教师不断学习，以支撑和引领全校教师队伍的成长。

身边的榜样启示教师：要规划自我发展蓝图，根据自己的特质，选准突破口，目标明确，专心致志，努力成为独一无二的自己；要下定决心，无论遭受什么样的压力与困难，都全力以赴完成任务，而不是制造借口推卸责任，哪怕是看似合理的借口；要以负责、果敢的精神，恪守诚实、忠信的理念，不断开创主动发展、乐观激扬的人生境界；要看到在每一项工作、每个困难背后都蕴藏着很多个人成长的机会。要想更优秀，就要在细节上多下功夫，成功的秘诀在于当机会来临的时候，你已经做好了把握住它的准备。

9. 转变观念，网络教研

互联网时代给教育事业带来了契机，如何充分利用互联网的丰富资源开展基于网络的校本培训，促进教师队伍建设的现代化和提高教师实施素质教育的能力与水平，是每个学校都需要关注的问题。北大附小领导充分认识到网络在校本培训中的重要作用，2000年建立了自己的网站，实现了学校资源、北大教育资源以及社会各种资源的共享，建立了网络教研室，为全体教师学习进修、开拓思路、转变观念开辟了新的渠道。

校本培训的网络化渠道开通后，学校把校内已有的优秀录像课（含全国、市、区学校及本校教师）、课件及各种音像资料、教师的教案、各组研究与总结等资料放在校园网上，以便教师查阅借鉴，真正达到资源共享。这样既可以避免重复劳动，又可以不断生成新资源。例如，已有的课件可以拿来就用，或对不足之处加以修改完善，在原有基础上去粗取精。又如，在自我备课的基础上，新教师可以学习老教师的教案，而老教师则可根据自己的思考，或改变思路和策略，或加入精华，生成新教案。另外，北大附小校园网和北大校园网的链接，使学校数据库扩大了成千上万倍，而且十分便捷好用。

为充分发挥网络的价值，提高教师的研究能力，学校还要求教师在写文章前，先到网上查一查，阅读20篇同类文章，看看别人已有的观点、已得出的研究成果。在这个基础上构思自己的文章，就能避免重复劳动，而有所进步，有所创新。如果从多个网站都查不到自己要写的内容，那你就是"第一个尝番茄的人"。看别人的文章，是学习；想自己的文章，是研究；写出自己的文章，是创造。同时，学校开设了为数学、语文教师开放的网上研修空间，使教师可以随时在网上与同事共同研讨、交流、反思，共享资源，并能第一时间获得最新信息，从而初步形成了学校独特的教师"网上研修"文化。

学校网络教研室的建立，充分利用网络环境，打破时空限制，教师可以利用业余时间，上网参加教研活动，使教研不再限于本校。在网络环境下，教师之间、师生之间、学生之间、教师和家长之间以及学校和家长之间的沟通与交流方便了很多，从而使得教育资源形成一种合力，发挥教育最大的功效。学校教师在群体交流中取人之长、补己之短、开阔视野、共同进步，形成了一种轻松、和谐、愉悦的交流文化。同时，教师可以不用实名与非本校教师互动交流，可以坦言自己的观点，在与同学科教师、县级以上骨干教师和学科带头人、专业研究人员的对话中，获得有效的指导帮助，从而增强参与网上教研的主动性、积极性。

网络教研室为教师提供了平等的互动平台，为教师团队的发展开辟了新的途径。它有利于激发教师的参研热情，有助于提高校本培训的质效，促进学校这个学习型组织的形成。学校教师亲切地称这个平台为"教师之家",他们在"家"中自由、愉快地畅谈、感悟、体验和享受,不断提升着自己的能力。

北大附小校本培训制度的创新,培育了教师团队精神和群体意识,鼓励教师打破学科壁垒与偏见,互相学习、共同提高,改善知识结构,全面提高自身的素质和能力,同时,还为教师营造了民主、积极、向上、和谐的教研生态环境,为教师的智慧和才能的发挥创造了各种机会和条件。

四、情理智中的激励机制

在学校管理的诸要素中,教师管理是很重要的一部分。教师管理的目的不是为了向他们"灌输"学校的诸项规章制度,不是为了对教师的自由进行约束,而是为了促进教师发展,提高学校教学质量。所以,在教师管理中,校长应该树立全新的教师管理理念——回归生命,关注生命,实现从"工作体"向"生命体"回归,全力营造和谐的教师管理文化。这样才有助于提高教师管理的成效,营造和谐的校园风气。为此,学校领导从制度保障、教师任用机制、榜样引领等诸多层面着手,加强民主管理,完善学校制度。经历任校长、历代教师的努力,北大附小形成了民主化的教师管理氛围、积极向上的校风,使民主和谐渗透于学校的每一个角落。

1. 完善的制度,和谐的保障

"民主和谐"并非一味地追求自由、崇尚个性,它同样需要制度的保障。学校要为师生营造民主和谐的校园,首先需要有科学合理的制度来规范人的行为,并使这些规范内化为人的自觉行为,促使学校不断向前发展。

在"以人为本"理念的指引下,北大附小不断改进、优化各项管理制度;使校内各项制度要求细化、完善和落实,并以《中华人民共和国教师法》《中小学教师职业道德规范》等法规为基准,不断对制度加以修订和完善,为营造民主和谐风气打下坚实的基础。另外,学校制度的形成建立在广大教职员工实践的基础上,经历着"将理念形成制度文本——将制度付诸实施——反馈"三个过程,这使得制度易于被教师接受,并贯穿到教师的日常行为之中。

学校制度的制定并不是要改造教师和学生,而是要唤醒教师和学生;主要不是用来约束教师和学生,而是为了激励教师和学生。将学校的管理目标内化为教师认同的理想,把纪律内化为教师认同的思想,实现规章制度与教师的理想、追求、情感的统一,最终实现民主立校、和谐育人——这些激发着北大附小教师不断奋斗,并且享受着其中的快乐,在民主和谐校园文化中不断成长。

2. 人性的管理,和谐的源泉

做好教师人事管理是搞好教育教学工作的前提,北大附小注重教师队伍的流动性,坚持能者上,使全校教师保持向上的涌动,充满奋斗的精神。多年来,北大附小不断革新教师人事管理制度,也为教师发展提供了宽松的环境,改革内容如下。

(1)人事管理制度由单一制走向双轨制

最初,北大附小教职工管理权限都在北京大学人事部,人员属于北大编制,享受北大教职工的待遇,但是北大对北大附小教职工人数有把关,随着学生人数的增加,师资严重不足。20世纪末,北大附小实施双轨制的管理模式，即一部分人员关系在北大，一部分人员关系在北京市人才交流中心。外来的极优秀人才关系直接进北大，关系在北京市人才交流中心的人员，根据其各方面能力逐步转入北大。不过，两部分人员在北大附小享受着同样的待遇。这种管理模式保证了北大附小对教师的需求，同时也使教师队伍得到逐步优化。

（2）坚持"严把入门关"与"广用人才"相结合

北大附小重视人才，给人以广阔的发展空间，具有优秀的办学条件和高质量的教学，在社会上享有良好的声誉。这使得很多人员希望调入北大附小来工作。对此，北大附小实行招聘制，择优录用，严把教师入门关。对于每一个调入学校的人员都要进行严格的考核：试讲、谈话、看业绩、看师德、看教学水平等，优中选优。

在"严把入门关"的同时，学校还不拘一格用人才，实现教师的多元化。例如，学校招聘新毕业大学生不限于北京师范大学、首都师范大学的毕业生，也从东北师范大学、陕西师范大学、河南师范大学等其他师范大学招聘优秀毕业生到校任教；招聘对象也不囿于师范院校的学生，综合类大学中知识面广、热爱小学教育、愿意到学校工作的毕业生，北大附小同样择优录用。北大附小聘用的教师来自五湖四海，学校曾聘用过5位美国小学教师任教，目的是提高学生的英语口语水平，同时让全体教师了解美国教师教育的方法和形式。这种"广用人才"的理念使得学校教学呈现多种风格，教师各显其才，校园呈现出"百花争艳"的局面。

至于招聘的教师，不管其原来担任什么职务，到北大附小都要从做一名普通教师开始，然后不断发展、成长为优秀教师。北大附小的领导也都是从教师中"拳打脚踢"出来的，从来不从外校调任。这样做的好处是，干部是从群体中脱颖而出的，大家认可；干部本身熟悉学校的情况，了解学校的教师，上来就可以开展工作；校长已对干部进行了全面考察，了解其个性和能力，有益于合作，有益于学校领导班子任期制的常态化。这种做法优化了学校人事管理，利于学校领导开展工作，激发教师的上进心。

（3）竞争上岗

学校实行全员聘任合同制。对于学历相对较低、精力相对较弱的老教师，学校将其调入学校住宿部，因为那里同样需要善于管理的教学人员，待遇不变。而对于那些不适合在北大附小任教的青年教师，或转岗或解聘，学校"给时间，留余地，垫台阶"，"一碗水端平"，使这些教师心服口服，愿意服从安排。这种方式强化了教师们的竞争意识和责任意识，有利于教师队伍整体素质的提高。

北大附小实行的一系列人事制度改革，既规范了管理，又为教师们提供了宽松、和谐的发展空间，调动了其工作的积极性和热情，促进了学校管理水平与教育教学水平的提高，使学校逐步形成了成熟的、有生命力的人事管理机制。

3. 领导的示范，和谐的关键

人本管理的实质是保护人的自尊、激励人的情感、彰显人的价值。学校的风气和氛围既是校长和管理团队的人生观、价值观和师生观的反映，也是校长和管理团队工作作风的具体体现。北大附小要实现以民主和谐发展为根本的教师管理机制，校长和管理团队首先要具有民主和谐的理念，要做教师们的榜样。

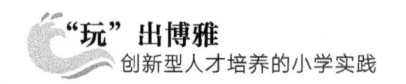

（1）身先士卒，率先垂范

在一所学校内，凡是要求教师做到的，校长、管理团队应该先带头做到，模范执行学校各项制度。为此，学校制定了校长"十要"与副职"四忌"，即校长要：胸怀大志，无私奉献，勇于开拓，严于律己，虚怀若谷，任人唯贤，勤政务实，宽以待人，清正廉明，实事求是；副职则要：忌副而"附"，忌副而"负"，忌副而"混"，忌副而"浮"。管理团队以身作则，讲科学民主，求团结进步，拼搏创新，为教职工做出榜样。

在北大附小，校长言行光明磊落，讲诚信，坚持公正无私，平等地对待每一位教职工，特别是在分配工作、考核评优、晋级升职等敏感问题上，一视同仁，不厚此薄彼。学校总是事先制定并提出标准或准则，交由行政班子和全体教师讨论统一后再实施，以同样的标准来衡量每位教师的德、能、勤、绩等方面的情况，使整个教师群体有一种大家都是自己人的感觉。这种做法使校长赢得了教职工的信任，成为大家的知心朋友。同时，校长还善于倾听，从教师正反两方面的意见中总结经验，随时改进工作。

正是有了校长的率先垂范，北大附小形成了齐心合力、配合默契、协同作战的管理团队，形成了能办事、会办事、办好事、办大事的管理团队。也正是有了这样的校长和管理团队，北大附小才拥有了一批尽职尽责的教师，他们在民主和谐的氛围下努力为学校的发展奋斗着。

（2）树立公仆意识

从某种意义上说，领导就是服务。校长权力的真正作用就在于服务：为学生的发展服务，为教师的发展服务，为学校的发展服务。所以，校长必须树立公仆意识,这是构建和谐校园的关键。因为校长有了服务意识,才能增强自身的情感意识,才能具有民主作风,进而营造校园的和谐氛围。因此,北大附小将教职工和学生得到完善的发展作为管理的核心,把为教职工和学生的发展服务作为管理的根本目的。

校长的领导力体现在做正确的事情;中层干部的执行力体现在不仅要做好校长布置的事情,而且要做好该做的事情。最有效的管理是不断创新,管理的最高境界是激励人。应力争达到校长、管理团队和教师都能够自我管理,大家在适当的时间做恰当的事情,让有效的资源成就有效的业绩。

一个能把大家积极性充分调动起来的校长就是一个好公仆。我们努力发掘每一位教职工的独特价值,发现其闪光点和不同点,并加以激励和弘扬,把教师们的工作潜能最大限度地转化为实际效能,成为推动学校各方面工作进步的积极力量。另外,学校还努力去发现每位教师的兴趣、需要,充分考虑教师之间的个体差异,积极调整教育教学管理活动,创造相应的条件和环境,营造适于每位教师发展的空间和氛围。并根据教师的学识个性、爱好特长、能力水平,合理配置,优化组合,人尽其才,整体高效,从而做到最大限度地发挥每位教师的聪明才智,促进全体教师和整个学校的健康发展。

北大附小校长及管理团队的公仆意识、其"心系于民,勤政为民"的精神,在为教师们营造了愉悦、和谐的环境时,也在学校内产生了广泛的"倚同作用"。教师们在校领导精神的感召下,不断约束自我、完善自我,为学生、学校的发展做出自己的贡献。

北大附小领导的奉献精神以及学校管理机制的改革，为学校营造和谐的氛围奠定了很好的基础，增强了学校的凝聚力、亲和力、向心力，促使教师们用一种感恩和珍惜的心态面对身边的人和事，始终保持积极和自信，向前奋进。

4. 人文性关怀，内驱力发展

波特-劳勒综合激励模型（Porter-Lawler comprehensive incentive model）中谈到："人总是希望达到一定目标、取得一定成绩之后能得到期望的报酬和奖励，得到社会的承认和同事的赞许，如果只要求人们做出贡献而没有行之有效的物质和精神上的奖励，久而久之，人们的奋斗精神就会消退。"所以，学校管理中教师激励是不可缺少的。所谓教师激励是指运用各种有效的激励方法去正确地引导教师的工作动机，从而调动教师的积极性和创造性，通过实现个体自身的需要来最大限度地实现组织目标。北大附小非常重视"激励"在教师发展中的作用，创新教师激励机制，灵活运用即时肯定、人文关怀、科学评价、结构工资制等多种手段激发教师工作的积极性、主动性、创造性，促进其不断发展。

（1）及时肯定，不断提升

人都希望被认可，认可是激励教师攀登事业高峰的加速器。北大附小十分重视对教职工的即时肯定与表扬。为全面掌握教师的教学状况，学校历任校长和领导班子成员的主要精力都放在教育教学和学校的管理上。这使得校长和管理层比较全面地了解每一位教师的工作态度、教学能力和水平。对于有进步的教师，学校会及时给予肯定和表扬，使教师感到自己的付出得到认可，有利于激发教师的积极性和主动性。学校还会根据教师的能力为教师创造晋升的机会，包括福利待遇、职位等的提升，从而使教师时时处于"上台阶"的精神状态。

同时，为不断促进教师的专业发展，学校还为教师建立了成长记录袋作为教师绩效评估的依据，将教师教育教学过程中反映其成长发展的资料，包括学历、职称、优秀的教案设计、精彩的教学实录和教学案例、课题研究的情况与论文、教学反思、个人才艺作品、获得的各种奖励等都存入记录袋，定期展示。学校每年还把教师的论文、教学案例结集成书，供教师间交流。学校鼓励教师通过实际的调查研究，如向学生发放调查问卷，以实证的方式对自己的教学经验加以理论总结，从而不断提升个人在教育教学上的理论水平。

（2）人文关怀，激发热情

关心和被关心是人类的基本需要，人生的每一个阶段都需要他人关心，随时需要被理解、被接受、被认同。学校管理者对教师的人文关怀同样会激起教师巨大的工作热情。学校领导随时随地、全方位地关怀教师，不但关心教师的教学工作，还关心教师的生活、关心教师的发展。学校处处以人为本，为教师做好服务工作。

①关注教师的身体健康

学校定期为教师检查身体状况，请专家作健康保健讲座，强化健康意识。工会开展健身活动，举办教职工运动会，参加北京大学举办的教工团体操表演和文艺演出等，丰富多彩的活动，使教师享受生活、强健体魄。

②关注教师的心理健康

由于长时间和高强度的工作，焦虑、抑郁等会侵蚀教师心灵，造成烦躁、失眠，甚至心理失衡，有时直接影响工作，造成师生关系紧张，如不解决，就会恶性循环。除了积极的思想工作外，他人关心、自我调节是很重要的。学校曾请来北京师范大学教育学部钱志亮教授讲《排解教师压力》、北京师范大学心理学院刘儒德教授讲《解读教师》，指导大家排解压力，保持好心情。

③关注教师的社会关系和谐

教师是社会群体中的一部分，在社会中有自己的角色和交往方式特点。学校请理财专家作理财知识讲座，指导教师治家理财，也关注教师日常生活中人际关系的和谐等。

总之，北大附小校长和管理团队用"心"关怀着学校的每一个人，用"心"体贴着每一个人，用"心"理解着每一个人，关心教师内心体验、情感、个性、人格的发展，关心其工作、家庭……当"关心"成为每位成员的共同行为准则，生活在这个集体之中的每一个人都会感到一种安全，会得到心灵的慰藉，内心会流淌出爱的暖流。这种无微不至的关怀将会换来教师的真情回报，会使教师从感动到激动，全心投入工作。

（3）科学评价，发展动力

时代的发展向教师评价的功能提出挑战，评价不能只是进行甄别、选拔，评价更重要的功能是促进被评价者的改进与发展。教师评价本身不是目的而是手段，即通过评价建立激励机制，激发教师工作的积极性，促进教师的专业成长，提高教学质量。

在教学管理中，北大附小创新评价机制，对教师的评价由传统的以评价所教学生的学业水平为主的模式转变为全方位、多角度、定性与定量相结合的评价模式。学校将评价的基本出发点定位于：倡导敬业精神、探索精神、创新精神；帮助学生树立学习的信心，提高学习的兴趣；通过新观念、新方法的引入运用，使课堂教学的每一个环节和流程更有助于培养学生思维的创造性，使学生的学习更具有探索兴趣，促进教与学双方良性互动提高；注重教学活动结果与过程的统一，关注教师情感、态度、人格等的发展。每学期期末，除了让教师自己对所教学科和班级的学业成绩进行定量和定性分析外，我们还对教师撰写的论文、发表的文章、辅导学生获的奖、学困生的转化、社会兼职等进行较详尽的统计，并根据奖励制度进行精神和物质上的奖励。评价内容的全面性与评价方法的多样性，使具有不同特长的教师都能充分发挥自己的长处，都能享受到成功的喜悦，激励其不断努力，给予其创新的动力。

同时，学校还实现了评价主体的多元化。除了学校管理人员外，学校还强调同行教师、学生和教师本人对教师活动的评价，重视沟通、交流，重视自觉、自我评价。对教师的考核，学校只是简单地分为"合格"与"不合格"。在期末总结评先进时，让教师客观地摆出自己的业绩与不足，观察其他教师的优点和长处，并向其学习。评价主体的多元化体现了教师的主体地位，使教师积极地对自己的教育教学活动进行反思，不断地进行自我修正、自我完善，学校的教育教学质量也因此得以提高。

学校这种科学的评价模式使教师们能感觉到自己在一天天进步，感觉到自己越来越得到领导、同事和学生的认可与尊重，使其心情舒畅，有了进一步发展的动力。

（4）结构工资，享受公平

结构工资制是为了加强学校管理，提高教师工作积极性，将教职工工资待遇与其岗位职责、工作数量和工作绩效挂钩的一种管理制度。它打破了以往的平均主义分配方式，实行按劳分配、多劳多得、优质优酬的分配原则，工资收入与个人的贡献紧密挂钩，形成有效的激励机制。这种随个人贡献大小而上下浮动的工资机制，不仅具有激励作用，还具有约束和调节功能，有助于调动广大教师的积极性。因此，北大附小除了对教师进行精神激励外，还很重视这种物质激励的作用，在校内实施结构工资制。

在校内结构工资制的方案制订上，由于涉及每一位教职员工的切身利益，学校坚持科学和民主的原则，通过深入细致的调查研究，调动全员参与，几经修改，稳步推进，使该方案符合实际、尽量公平。在结构工资制实施上，学校对各类人员分别量化、分岗算账、分项计钱、综合计算，按月向教职工发放工资。先进组和个人一、二、三等奖，条件明确，数额清楚；对违规事宜，扣除金额也明文规定。

明确的规定、合理的结构工资为北大附小教师建立了一种长效的激励机制，通过经济杠杆激发教师们不断努力，引导其向着愿景前进。

理念驱动着教师集体的团结，体制创新推动着教师素质的发展。北大附小经过校本培训制度、教师管理体制及教师激励机制的改革，用综合的关怀与激励方法，极大地调动了教师各方面的积极性，使其既能凝聚一心，又能不断提高自身素质，北大附小也因此不断涌现高素质的教师，学校教学质量更见辉煌。

北大附小不会就此止步，时代的变化飞快，对于教育者而言，挑战更是时刻存在的。面对不同的人、不同时代的需求，教师需要不断有理论上的突破、实践中的升华，北大附小"国内领先，世界一流"目标的实现亦需要学校教师队伍整体素质的不断提升。

第七章
以人为本的博雅述评体系

评价改革，是整个教育综合改革的"牛鼻子"，也是学校育人方式变革的核心与难点。有什么样的学校教育价值观，就要有相应的评价机制作支撑。要培养什么样的未来人才，就要有与之相适配的评价标准和评价方法。

　　作为一所百年老校，北大附小见证了我国建国的艰难历史，也参与了我国改革开放、蓬勃发展的光辉历程。不同的时代背景下，育人目标及评价体系表现出不同的特点。北大附小的育人评价体系也在时代背景下不断调整、改进。

　　回溯历史，20世纪70年代末80年代初，我国刚刚经历十年"文化大革命"，百业待兴。教育界经过短暂的拨乱反正、正本清源后，采取了一系列措施恢复中小学教育的正常秩序，努力提高教育的质量与效率。这一时期，我国学生评价制度改革的主要目标是恢复教育秩序，通过选拔性考试来分配稀缺的教育资源，为社会主义事业的恢复和发展快速培养、选拔人才。然而，当时的评价内容主要测查学生基础知识、基本技能的掌握情况，小学阶段教育也明显表现出"重视智力发展、技能培养"的特点，关注学校毕业率及升学率。

　　随着学生评价技术不断改进，评价操作也更加规范。如原国家教委1992年颁布的《九年义务教育全日制小学、初级中学课程计划（试行）》指出："考试、考查可采取闭卷、开卷的书面方式，也可以采用口试、操作等方式。成绩评定可以采用百分制，也可以采用等级制、评语制。"北大附小各学科团队也不断丰富评价方式，使其更有针对性。如对不同学段设立不同形式的考试方式，低学段以口头测试为主，高学段以纸笔测试为主；不同学科也依据其特点设立多元化的测查方案，如信息技术学科就采用了网络问卷调查式的评价方式。

即使评价技术不断更新，以选拔为目的的学生评价制度仍日益凸显其弊端。1993年起，国务院发文提出"中小学要由'应试教育'转向全面提高国民素质的轨道"，并提出"要全面提高学生的思想道德、文化科学、劳动技能和身体心理素质"。这一目标正是多年来北大附小不断追求的育人理念。这一时期，北大附小不断地在评价方式及评价主体方面进行创新改革，如对学生的评价包含"分数+等级+评语"；在班级管理中也出现了"成长银行""个人积分与配套奖励制度"等方式；在评价主体方面，学校鼓励学生自评、家长与同学共同他评等，使得评价主体从一元走向多元，全方位、整体地评价学生的综合表现。

在不同时代背景下，北大附小始终秉承北大文化传统与教育精神，积极探索适合学生发展的综合述评体系，以敢于担当为文化自觉，主动作为，潜心育人。

第一节　尊重生命成长的博雅述评体系

近年来，学校遵循新时代教育评价改革的总体精神，基于尹超校长提出的"以人为本，让师生在爱与自由中快乐和谐发展"的办学理念，推行学业评价制度改革，让科学评价看得见、有温度，也用评价记录师生的成长，为他们的可持续发展提供精细化、全过程、个性化的支撑。

一、学校的育人价值观

对一所学校而言，什么才是最重要的？是成绩还是素养？是"人"本身的发展还是学校的名誉？是应付当下还是着眼未来？

我们认为，健康的体魄、快乐的童年、乐观向上的人生态度、坚忍不拔的意志品质、对祖国的忠诚与热爱，远比考试成绩和单纯的知识传授更加重要。因此，学校不能简单用成绩评价教师，应该给教师们以信任和尊重，让他们充分体验到教育教学的幸福和创新的快乐。只有这样，教师才不会用成绩约束孩子，对有差异的孩子给予同样的尊重和重视，并用鼓励和欣赏传达一种价值观，让他们在学校享受到快乐、阳光、尊重、爱和自由。

有什么样的育人价值观，就会有什么样的评价导向。在北大附小，因为有这样的价值观，我们在办学实践中逐渐厘清了一系列的评价理念与信条。

具体来说，这些理念与信条包括：在教书育人中不偏重以某一门课程评价孩子，而是全课程打通，注重德智体美劳全面发展；不主张教师一人评价孩子，而是全主体协同，发掘教师、学生、家长、社会多方合力；不唯分数来评价学生，而是全方位设计，用展演、活动、综合实践激发学生的不同潜力；不用终结性话语评价学生，而是全过程引导，为学生未来成长提供精细支持；不用没有温度的方式评价学生，而是全身心投入，用述评记录学生的进步，让他们成长的每个重要时刻都能被看见。

评价改革，牵一发而动全身。我们希望对师生们的评价注重"激励和引导"，不"穿靴戴帽"，而是有血有肉、有情有感，因人而异，舒张其自由，鼓动其求知，赞赏其创造，促进其成长。

更让我们深感欣慰的是，北大附小在评价改革中一贯坚持的许多理念与做法，特别是正在探索的学业述评制度改革，都与中共中央、国务院印发的《深化新时代教育评价改革总体方案》的要求是一致的，真可谓"顺势而为，高度契合"，这也坚定了我们将评价改革进行到底的决心与信心。

二、让每个孩子感受到"被看见"的尊重

我们理解的学业评价，是教师针对学生德智体美劳全要素、全过程的综合评价。这里的"学业"不是简单地指学生的学科成绩，而是学生在学校教育生活中各方面的表现。所谓"述评"，是因为我们希望，对师生的评价不是成绩、排名等冰凉的量化数字，不是单一的终结式评价，而是鲜活的、有温度的、有情感的、有故事的，是能够调动孩子内驱力的多元、开放、立体、激励、引导的发展式评价。

这样的学业评价，要求教师要眼里有学生，给学生的一定是有血有肉、饱含深情和期待的评价。教师的评价要让每个孩子都能收获专属"小欢喜"，感受到"被看见"的尊重。

着眼于学生的综合素质发展，我们在基础性的短期节点式一级评价指标的基础上，引入五类素养二级评价，通过动态发展式评价、学段发展性评价层层递进，使个性化述评体系更科学、更完善。这样的学业评价既关

注学生的当下表现，又关注长远发展；既评价知识能力，更评价综合素养；既基于教师视角，又参考儿童立场与家长意见。

在短期节点式评价中，我们综合了等级评价、表现性评价、预测性评价，通过师评、自评、家长评相结合的方式，全面、全程、多元地呈现学生一学期的学业发展。

在动态发展式评价中，我们确立了人文素养、科学素养、健康艺术、社会交往、国际理解五类素养作为二级评价指标，在每一指标下又细分出五个评价观测点。这样，我们借助大数据技术，每个学期都会生成学生各类素养发展的雷达图，进而通过跟踪观察和持续记录，形成学生两个学期以上素养发展的变化趋势折线图。

通过这样的学业评价，我们不仅更为完整、深入、全面地了解了每个学生的成长过程，而且从中清楚地看到，北大附小学生的综合素养普遍得到了更为均衡的发展，学生们的动态发展折线呈总体向上的积极态势。

三、用科学评价引领教师专业成长

评价改革，目的不是为制约学校和教师，而是为教育教学提供更好的诊断依据，更好地促进学校发展和教师专业成长。对教师专业成长进行发展性评价，以及用更加科学的评价方法对教师工作的价值进行准确判断，是我们在学业述评改革中的重要价值导向。

我们建立了教师评价的一系列"硬指标"，从"优质常态、特色创新、学术引领、奉献担当"四大维度对教师的工作进行综合测评，以期更完整地反映教师的真实成长。

我们把师德师风作为第一标准,"优质常态"指标指向教师专业品质、基本职业道德和教书育人的水平、准则,引导教师关注每一节课和每一个教书育人的细节。我们把家访制度纳入教师考核,让家校沟通更"亲近",家校合作更"顺畅"。同时,用"特色创新"指标引导教师将兴趣个性发展与学校特色工作有机结合,用"学术引领"指标激励教师提升教研、科研的专业水准,用"奉献担当"指标鼓励教师为学校发展、团队发展多贡献力量。

在此基础上,我们结合学校的生命发展课程体系,要求教师从课程评价、素养评价、关键成绩与能力数字画像等评价元素出发,形成每个学生的学段发展性评价,即对小学阶段所有学习课程(含必修课和选修课)及活动课程的综合评价,并为学生的可持续发展提出学习指导建议。

我们坚信,只有这样去引导教师,才会使他们真正眼里有学生,成长为一个充满人文情怀的"大爱之师"。我们看到,疫情期间,尽管学生居家学习,老师们仍不缺席他们的成长,给学生写了温情脉脉的评语:

钦轩,你是一个活泼可爱的男孩子。在居家学习阶段,你能按时学习网课,主动完成课后作业。老师对你的学习态度竖起大拇指。你还能坚持运动,学会了滑板车和自行车。好孩子,老师希望你能合理利用自己的时间,做事更专注一些!也希望热心的你能够再多学习一些生活技能,这是和学习知识一样重要的事情。

——爱你的梁老师

亨盛,这个居家学习的特殊学期,你展现出了一个不一样的自己。镜头前滔滔不绝的你是个小小演讲家,每周创作一幅"诗配画"的你又化身文人雅客,弹着吉他"唱"起古诗来又文艺十足。你认真、按时地完成每一份居家学习作业。你在这个假期收获的自主、自律能力会是一笔非常宝贵的财富。希望你再接再厉，获得更大进步！

——爱你的黄老师

学业述评改革真正促进了北大附小教育质量的提升。多年来，我们重视师生的学校生活品质，坚持"高质量，轻负担"的教学改革，切实将"减负"进行到底。每天有一节体育课，让学生们有充足的户外活动时间；每学期拿出大量时间让学生走出校门，在广阔的世界中学习、成长。

此外，我们将继续探索更科学、更完善、成体系的个性化、高质量的学业述评，以此作为提升教书育人实绩的重要突破口，创新评价工具，完善评价结果运用，形成科学、规范的教师评价体系，力争为基础教育评价改革贡献"北大附小方案"。

四、学生学业述评探索

所谓学业述评，我们认为就是教师针对学生德智体美劳全要素、全过程的综合评价。这样的评价不是描述式、终结式、单一化的评价，而是能够调动孩子内驱力的发展式评价，是有血有肉、饱含深情和期待的评价。

北大附小的综合述评体系包含三种评价形式，每种评价形式包含多种评价指标。

1. 短期节点式评价（一学期）

节点式评价可以是某一课程一个学期的学习评价，也可以是以活动或单元为目标的过程性、表现性评价，含学业等级评价、学习情况评语等方式。

（1）一级评价——每学科（群）学期评价

北大附小生命发展课程建设中一直探索适合学生的课程评价，在改进、延续传统评价的基础上，将表现性评价、雷达图等图表式评价引入评价体系，在各个学科及学科群评价中选择使用。

第一层：基础评价——必修课评价

基础评价依托《小学生综合素质评价手册》，主要针对必修课，包含国家课程、地方课程和校本课程，采取等级式、数字图表式与评语结合的评价形式。图7-1为《小学生综合素质评价手册》语文示例。

图7-1 《小学生综合素质评价手册》语文示例

第二层：拓展评价——综合实践活动评价

北大附小每个班每个星期都有半天的综合实践课程，以年级或班级为单位组织丰富多彩的教育教学活动。每个活动结束后，教师们都会对每个学生在活动中的参与情况进行表现性评价，并给出指导性建议，帮助学生成长。

学生综合实践活动评价举例：

一年级读书活动：

小青：你能够静心读书、潜心思考，对于书籍内容有着自己的独特见解，也能认真倾听，主动与同学交流、探讨，这足以见得你平时的阅读扎实而又广泛。热爱阅读、热爱分享，相信你的思考会越来越有深度。

四年级古诗词活动：

小莉：小小年纪的你，早已将《春江花月夜》积累于心，用飞花令舌战群雄，在"与中国古典诗词相遇"的语文综合实践活动中，你自信对诗，诗意表达。老师相信这份热爱会如"阳春"布德泽，使"莉雅"生光辉。

第三层：兴趣评价——选修课评价

北大附小开设了丰富多彩的选修课程，涵盖人文素养、科学素养、健康艺术、社会交往和国际理解五大领域，培养德智体美劳全面发展的学生。学生可以根据自己的意愿和爱好自主选择课程，发现和培养兴趣，并为进一步培养特长做好准备。选修课的任课教师会结合学生在某一门课程中的表现和学习能力及效果做出评价，同时，学生也会对自己的课程学习情况进行评价。教师首先在兴趣程度、知识水平、学习能力、发展预测四个维度进行1—5级的等级评价，然后再给出课程发展评语，对学生兴趣的培养给出建议；学生也围绕上述四个维度对自己的学习情况给出等级评价，为自己的学习做出诊断。无论是教师评价还是学生自评，发展预测都是一项重要指标，为学生在某一课程的后续学习提供参考。学生家长通过学生账号可以很清楚地了解学生在某一门选修课中的表现和成绩，为学生后续的学习提供了科学的参考依据。图7-2为北大附小选修课评价示例。

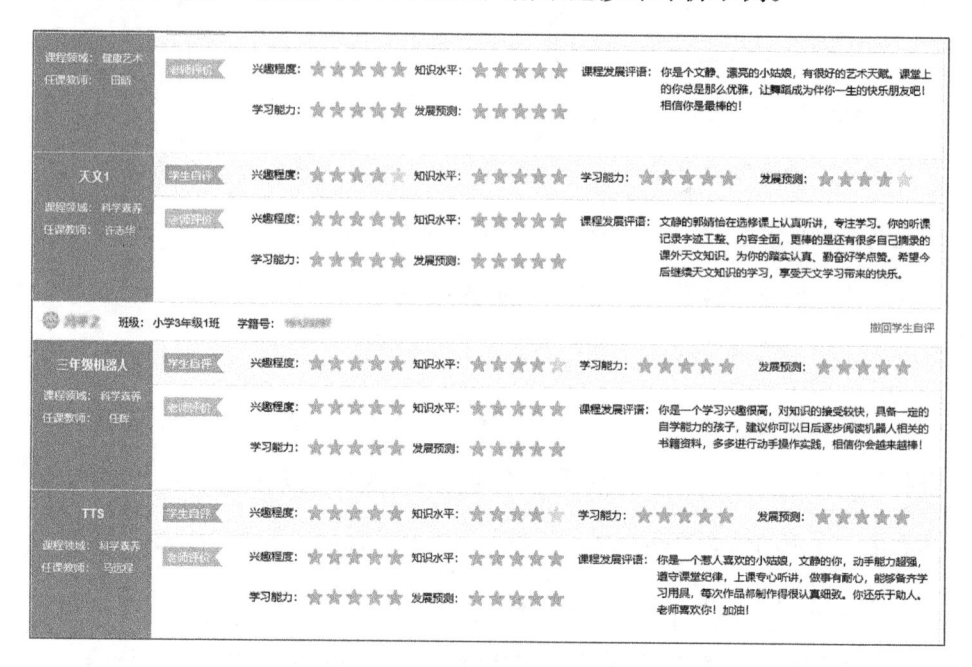

图7-2 北大附小选修课评价示例

（2）二级评价——每学期五类素养评价

每个学期，由教师单独或者共同针对学生在人文素养、科学素养、健康艺术、社会交往和国际理解五大领域的学习、表现情况，依据各项评价指标给出评价等级（为进行量化统计，以分值形式呈现），分别形成各素养的评价雷达图（如图7-3所示），同时自动生成生命发展课程的五大素养对比呈现的综合素养评价雷达图（如图7-4所示），为学生综合素养平衡发展提供参考。

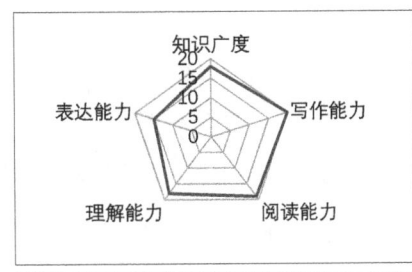

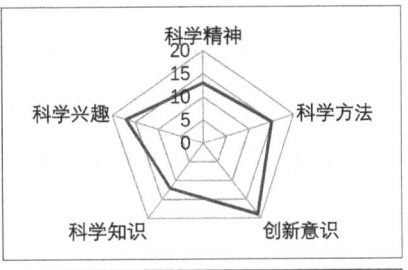

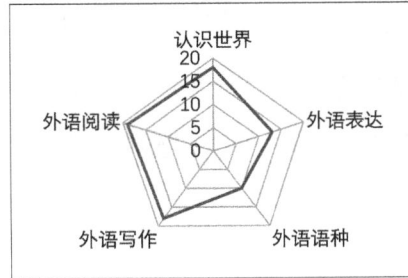

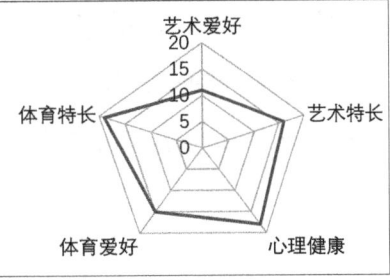

图 7-3 学生五大素养评价雷达图

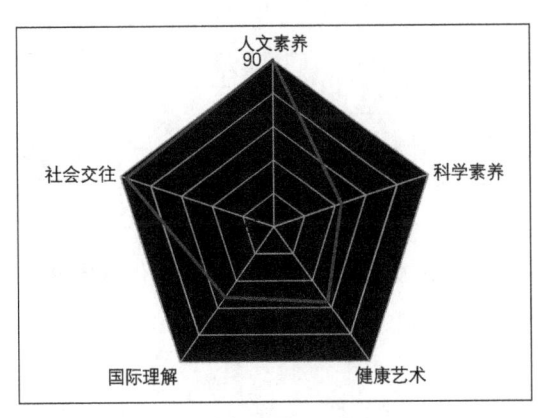

图 7-4 生命发展课程综合素养评价雷达图

251

2. 动态发展式评价（多学期）

学生的发展是动态的，评价学生不能局限于节点式的评价，也应有动态发展式评价。对此，北大附小尝试建立了基于学科（群）以及综合素养的两个层次的评价体系，在学期、学年评价的基础上，给出不同学期的动态变化评价统计图，在反映学生各个学期评价的同时，能够看出某一学科（群）或素养的变化趋势。下面是某位学生四个学期信息综合学科群评价的变化趋势（如图7-5所示），以及五类素养的变化趋势图（如图7-6所示）。

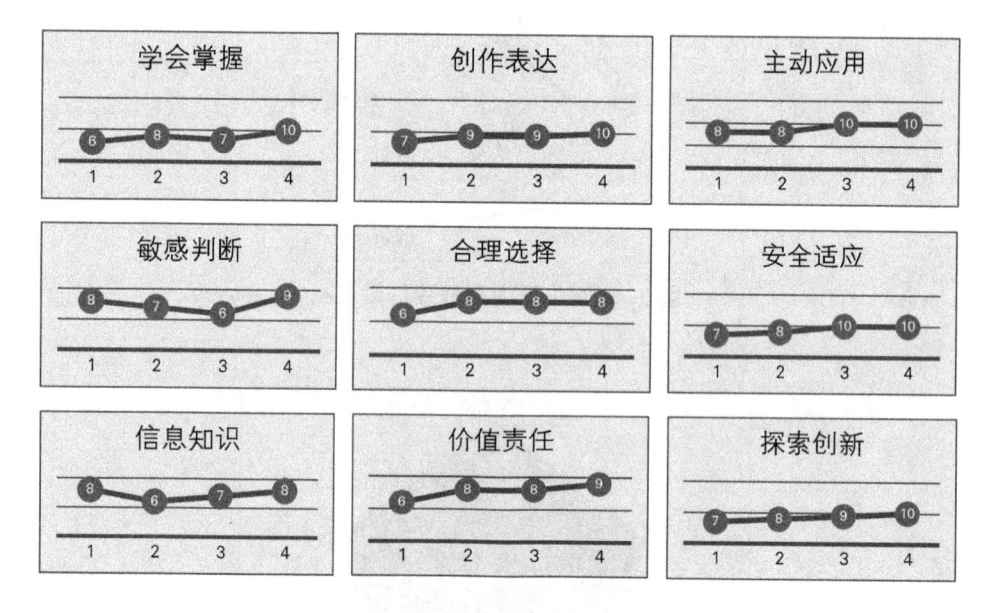

图 7-5 信息综合学科群评价变化趋势图

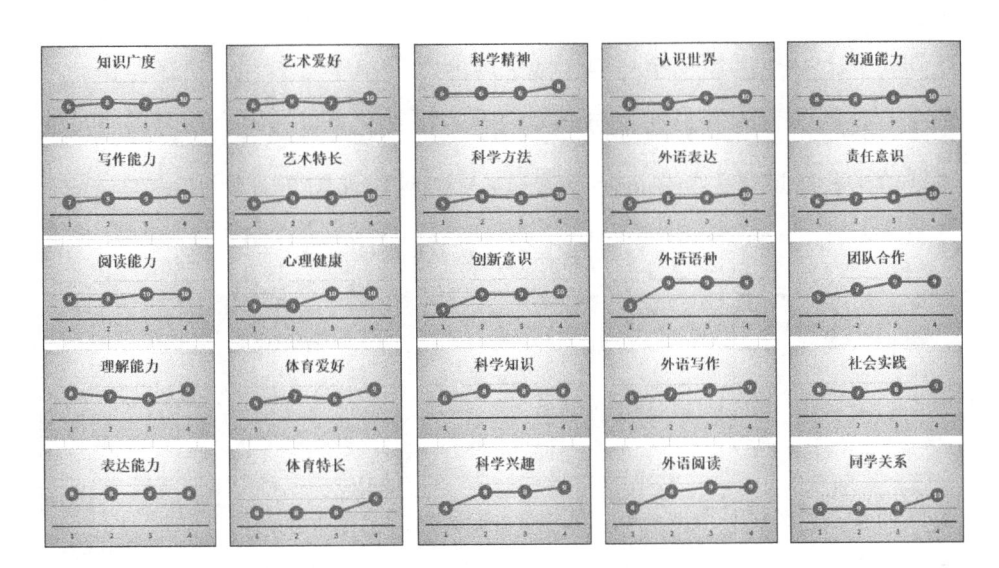

知识广度	艺术爱好	科学精神	认识世界	沟通能力
写作能力	艺术特长	科学方法	外语表达	责任意识
阅读能力	心理健康	创新意识	外语语种	团队合作
理解能力	体育爱好	科学知识	外语写作	社会实践
表达能力	体育特长	科学兴趣	外语阅读	同学关系

图 7-6 五类素养多学期变化趋势图

3. 学段发展性评价（整个小学阶段）

对学生小学阶段学习情况进行综合性、发展性述评，在学生毕业时，结合生命发展课程整体学习情况形成每位学生的学习效果评价，即对学生小学阶段所有学习课程（含必修课和选修课）及活动课程综合评价，给出学生六年学习、生活的总体数字画像，如图 7-7 是对某学生六年选修课评价的雷达图。这既能反映出学生学习成绩和效果，又能呈现他们的学习优势和需要改进的方向，为从北大附小毕业的学生提供进一步学习的建议和参考。学段发展性评价包含三种评价元素。

评价元素一：分课程评价

评价元素二：分素养评价

评价元素三：关键成绩与能力的数字画像

以上三种评价元素不是互相独立的，而是一个有机的评价整体。每个课程（群）的评价指标均指向不同维度的一个或多个素养，涉及德智体美劳全方位的教育内容，五育与五大素养的培养关系见表7-1。可以通过数字评价平台生成每个学生的学习效果数字画像，如图7-8所示。

表7-1 五育与五大素养的培养关系

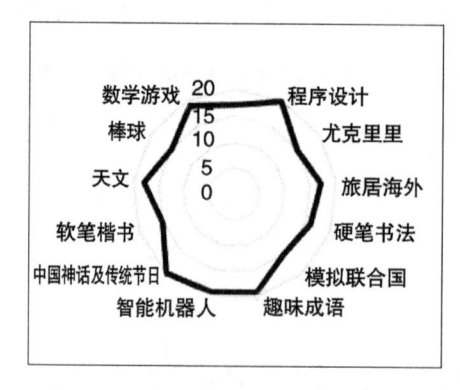

	人文素养	科学素养	健康艺术	社会交往	国际理解
德	理想、信念	正确科学观	正确审美 坚强意志 健康心理	传统美德 责任意识	正确认识多元文化
智	人文知识、能力	科学知识、科学探究能力	艺术知识与技能	情商培养	世界知识、语言、认识世界的能力
体	健康知识 健康观	科学锻炼 科学饮食	健康体质 运动习惯 体艺结合	积极参与社会活动	了解、认识世界的特质与能力
美	综合素质、修养、艺术底蕴	认识科学之美	健美、修养、气质	社会美德	了解世界之美
劳	劳动的重要性、自觉劳动意识	利用科学改造世界的意识	劳动创造美 劳动助力健康	社区志愿者	参与国际交流 小脚走天下

图7-7 六年选修课评价雷达图　　图7-8 学生小学学习情况关键词数字画像

下一步，我们要紧扣"学业述评"这个关键词，探索更科学、更完善、成体系的个性化述评体系，把高质量的学业述评当作提升教书育人实绩的重要突破口，真正做到立德树人。

第二节　激励创新的述评实践

我校基于成长性创新型人才培养设计了学生的培养图谱（如图 7-9 所示），包含课程、教学、实践活动、评价四个部分。其中评价分为表现性评价、过程性评价和发展性评价三个维度，每个维度包含"学业性指标""实践性指标"和"发展性指标"三种评价指标。

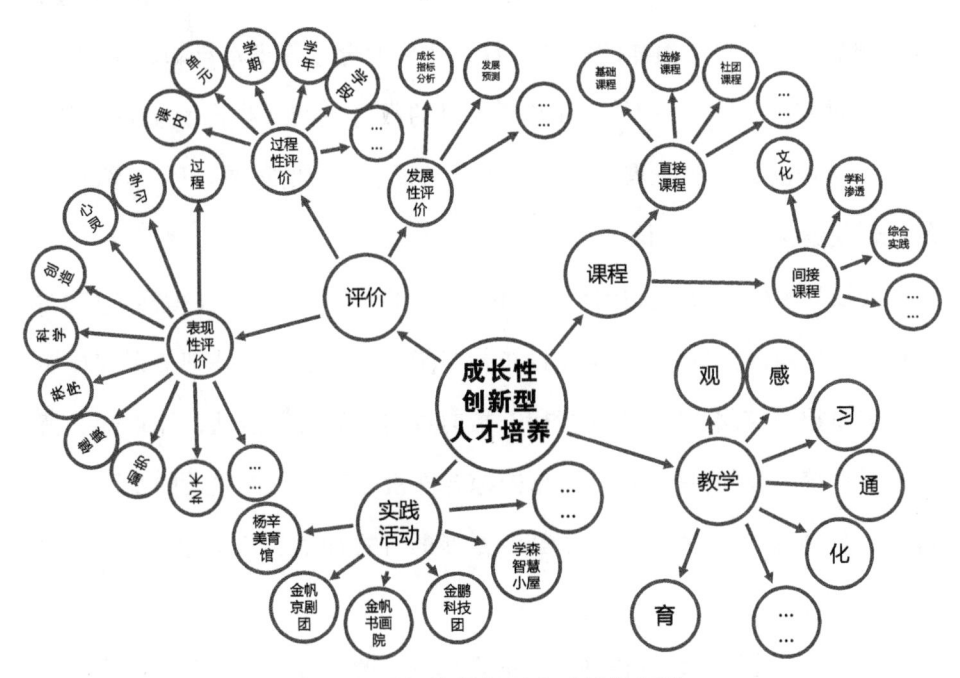

图 7-9　成长性创新型人才培养图谱

日本教育学者庄司和晃在讨论教育评价时，曾提出这样的观点："教育就是让学生不断地感觉自己变得了不起的事业。"评价，特别是学生的自我评价，正是成就这个事业的重要途径。北大附小的评价体系正是基于这样一种认识进行建构的。在这里，学生并不是等待被打分、被评判的对象，而是在不断进行自我认识和反思，是成长和发展的人。

学生评价体系是学校的办学理念"以人为本，快乐和谐发展"的生动体现。"以人为本"是指在学校的一切工作中，都要把师生的成长、生活需要作为出发点，在学生评价中努力做到"尊重生命，关爱成长，促进发展"。"快乐"是一种对自然和人类充满善意，懂得感恩，追求进步，向往光明，自信而乐观的精神状态，评价正是启发学生对自我进行深入的审视与反思，在内心形成对自我价值的认识与肯定。"和谐"是个体与环境的协调融洽，是灵魂与肉体的和谐一致，评价的全过程正是自知、悦纳、进取的全过程。人本、快乐、和谐是永恒的教育主线，指向我们的最终目标——为学生的终身发展奠基。评价是教育过程中的重要一环，评价的目的是促使学生更好地成长。

我校学生的三级评价指标体系由"学业性指标""实践性指标"和"发展性指标"组成。其中，"学业性指标"指向学科学习的基础知识和技能，关注其掌握与应用；"实践性指标"指向过程性的实践活动，体现知、情、意、行的统一；"发展性指标"指向综合性素养养成，关注人的全面发展。这一评价体系涵盖学生德智体美劳发展的方方面面，贯穿学习成长的全过程。

北大附小的学生评价体系是导向全面发展的，是鼓励创新的评价体系。

从三级评价指标的设定，到评价工具的开发，再到评价方法的选择，都着眼于培养快乐、进取、儒雅、大气的博雅少年，着眼于培养生长性创新型人才，着眼于培养社会主义的建设者和接班人。

北大附小的创新教育以五大素养培养为核心，以创新能力培育为重点，科学定位各类各级课程的目标，构建五育融合的整体育人体系，逐渐形成"博雅学玩"四位一体整体育人体系。学生五大素养的培养，需要在数学、科学等学科学习中逐步落实，在语文、音乐、美术、体育等学科学习中点滴渗透，在兴趣选修课和课外艺术活动实践中不断拓展，在德、智、体、美、劳各方面互促共生中全面发展。

一、三级评价的指标体系

学校三级评价指标体系是以促进学生"快乐和谐发展"为指导，包含必修课程的学业评价、实践活动的过程记录和成长进步交流分享三部分内容。（见表7-2）

表7-2 学校三级评价指标体系

一级指标	二级指标	三级指标
学业性指标	基础知识	理解和掌握国家课程标准要求的基础知识的情况
	基本技能	掌握和运用国家课程标准要求的基本技能的情况
	创意表现	利用知识技能进行创造性表现时展现出的理解力、想象力、表现力、创造力的情况
实践性指标	学习过程	课程学习过程中表现出的情感、态度的情况
	活动参与	自主参加课外学习、实践的情况
	创新实践	发现生活中的问题，并进行创造性解决的情况

（续表）

一级指标	二级指标	三级指标
发展性指标	自然求真	核心素养，正确的价值观、必备品格、关键能力。各学科学习中的学业表现，社会交往中的行为品德，身体的健美与心灵的和谐
	与人为善	
	心体和美	

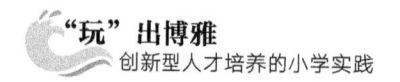

这个三级评价指标体系以学生的全面发展为目标，着力于学生创新意识、思维、能力的培养，对学生的学习与实践进行全方位、全过程、多元化、综合性测量与记录及评价与反馈。

其中"学业性指标"由各个学科的教师参照国家课程标准，结合学科教学特点和学生发展情况，将三个二级指标再进一步具体化为可操作的三级指标。

以我校音乐学科为例，针对学生的学业情况制定了如下具体的评价指标。

北大附小音乐学科学业评价指标

1. 基础知识

　1.1 音乐理论知识

　1.1.a. 掌握音乐基本要素（如力度、速度、音色、节奏、节拍、旋律、调式、和声等）；

　1.1.b. 了解音乐常见结构、体裁形式、风格流派等；

　1.1.c. 掌握演唱、比赛、识谱、编创等基础知识。

　1.2 音乐文化知识

　1.2.a. 了解中外音乐发展的简要历史和有代表性的音乐家；

1.2.b. 初步识别不同时代、不同民族的音乐。

2. 基本技能

2.1 演唱

2.1.a. 能掌握正确的发声和歌唱方式；

2.1.b. 能掌握音乐伴奏的节奏、旋律，音乐要素表达准确；

2.1.c. 能与他人合作演唱。

2.2 演奏

2.2.a. 基本掌握一门乐器的演奏方法，能准确表达音乐要素；

2.2.b. 在乐器演奏中能顺利流畅地读谱。

3. 创意表现

3.1 创意音乐表现

创造性地表现音乐（动作、节奏、旋律、歌词改编、创造等）。

3.2 扩展音乐空间

将音乐与其他艺术门类联系，实现一定的功能，展现音乐的价值。

从音乐学科的评价指标中，我们可以看到教师期待学生通过自己掌握的知识技能进行创造性表现。学生可以对熟悉的歌曲、乐曲进行改编，也可以将音乐与其他艺术门类相联系进行创作，如给视频、图画配乐，配乐诗朗诵等。在进行创意表现的评价时，除了教师的评价，学生的自评与互评也促进了学生创新意识的发展。

"学业性指标"侧重结果性评价，而"实践性指标"则侧重过程性评价，它突显了将学生的学习与生活相联系的实践性取向，突出了成长性评价的育人功能。对学生进行过程性评价，既要关注学生在必修课程学习中的表现，也要关注学生在自主选择的选修课程中的情况，既关注课内的学习，也关注课外的活动。"实践性指标"的评价是一份真实的记录，是对学生课程学习过程的记录，如社团训练活动、校园展示活动、个人创造活动的记录。"实践性指标"中的创新实践，主要是对学生发现生活中的问题、解决问题时的创新思路、实践过程与效果的记录。

"发展性指标"也是成长性评价的具体实践，指向的是人的全面发展。它的三个二级指标"自然求真""与人为善""心体和美"是围绕人与自然、人与社会、人与自我三大主题展开的。"发展性指标"中的核心词是"真、善、美"，是我们教育的终极目标。"发展性指标"不局限在某一领域，它观照的是对整个人的评价，它的指标内容是德智体美劳融合的，指向学生的核心素养。我们希望通过这样的评价指标，打通教育评价的各个学科、各个领域，聚焦育人的目标，关注人的发展。

二、着眼创新的评价工具

教学评价与学生学习的关系随着教育理论的不断发展和教育实践的不断深入，走过了一个从最初为了甄别学习结果而进行的评价，发展到为了诊断和激励学习过程而进行的评价，再到将评价和学习融为一体——"评价即学习"的过程。在这个过程中，随着评价目标与内涵的变化，评价工具也发生着相应的改变。结合学校三级评价指标体系，我们尝试开发了相应的评价工具，其中很多直接指向创新型人才的培养。

在学业性的评价中，我们采用"加分激励奖创新"的原则开发开放性的测评试题。如在数学测评中，有考查学生空间观念和对称性感知的创造性问题。"请你用三个正方形设计几个图案（可以重叠），让它们拥有不同数量的对称轴。"面对这一开放性的问题，学生会给出各种不同的设计方案。（如图 7-10 所示）

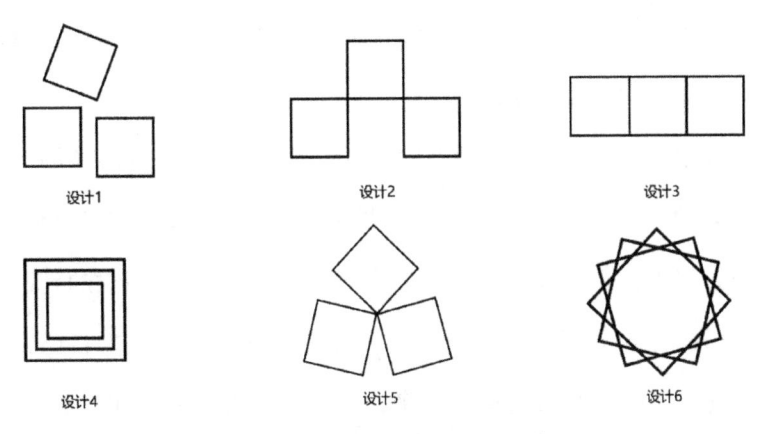

图 7-10 学生不同的设计方案

很多学生可以通过随意摆放正方形得到不对称的图案（设计 1），或是利用正方形拼出长方形（设计 3），得到一个有两条对称轴的图案。对于能得到两种不同情况的作答，我们就可以给他满分。如果有学生还能找到只有一条对称轴的情况（设计 2），就给他加 1 分；如果能想到用不同大小的正方形来设计（设计 4），就给他加 2 分；如果还能想到旋转的情况（设计 5），就给他加 3 分；如果能找到最多的 12 条对称轴的情况（设计 6），就给他加 4 分。总之，对于学生学业水平的测评要做到向下扎根（关注基本知识概念的掌握），向上生长（关注创新思维的发展）。

在实践性的评价中，我们将"多方互动助创新"教学过程与评价相结合，应用到教学过程中，如在习作学习中开展的循环日记写作实践。循环日记写作是把全班学生分成若干小组，明确组长及组员顺序。每组共用一个日记本，每组同学精心设计封面。各组内组员依次轮流写作，每天一篇，内容、体裁不限。后一名学生要先做读者，点评上几篇习作，然后再当作者，也写一篇日记供交流，教师每周进行整体点评。循环日记还要进行评比，评出优秀日记和最佳点评。好文章、妙点评编入班级《循环日记欣赏》并向优秀刊物推荐发表。

循环日记是一个小组的"合作事业"，日记本就像是田径场上的接力棒，一个流动着的日记本，把同学们紧紧连在一起。每当轮到自己时，学生们往往会迫不及待地翻开日记，津津有味地看前几位同学的作品，认真地写下自己的评价和感受。然后，他们往往会竭尽全力，把自己几天来的见闻和感受浓缩在一则日记里写下来，自豪地传给下一位同学。

循环日记是有"读者"的日记。学生对他人写出的文章可以从多个角度进行评析。或是选材立意，或是布局谋篇，或是遣词造句……可谓全面、细致，结果既提高了写作能力、鉴赏水平，更对大家的写作热情产生了巨大的推动。

循环日记还是生生、师生对话的心灵圣地。学生们敞开心扉，和大家分享自己的喜怒哀乐。一篇篇日记，其实就是一颗颗心在交流、碰撞。有"志同道合"，也有"针锋相对"；有"自述"，也有"对话"；有"和风细雨"，也有"暴风骤雨"。教师面对学生的每一篇日记，不仅写下点评，也写下自己最真诚的感受。学生会通过写日记向教师倾诉心里话，甚至是不够客气的批评。学生夸教师"和蔼可亲"，教师在批语中感谢他们的信任。学生说"老师又长胖了"，教师夸他"观察细致"。一位学生写"跳皮筋"，教师的批语是"你让我回到了童年"。面对学生的循环日记，教师是一位欣赏者,是一位朋友,更是一位知己。

循环日记成了一份最好的成长记录,成了一份最真实的过程性评价。交流、点评、评比的重点在于换位思考,在于不断反思。在这真实、有趣、鲜活的交流中,学生的新视角在伙伴中赢得赞美,新观点在交流中获得升华,新想法在鼓励中不断涌现。在这个有益的活动中,同学们交流了思想,教育了自我,获得了心灵的成长。

在发展性的评价中,我们会将学生成长中的关键事件(高光时刻)与讨论会安排在一起。让学生从成功体验中、自己的进步中去学习,在积极的情感体验中全面地认识自己,不断完善自己。"搭建舞台展创新"是我们努力去为学生做的。如每年的舞蹈团汇报演出,我们都会把家长请到演出现场,观看学生的表演。在演出后有家长、学生和教师的讨论会,舞蹈团的孩子会在讨论会上分享自己的进步,家长会对学生的进步表示祝贺,对他的付出进行肯定,教师会给学生提出进一步努力的方向。这里的讨论不只是关于舞蹈训练的,还包括成长中的方方面面。汇报演出是挑战自我和展现自我,将一个新的、美好的自我展示给大家的机会;讨论会则帮助学生认识自我和完善自我,在未来追逐一个更新的自己。

三、关注成长的评价方法

我们建构的评价体系是着眼人的全面发展的成长性评价体系,评价行为是促进学生成长的教育行为,故相应的评价方法也更复杂多样。

"学业性指标"的评价,采取的是基于标准的评价方法,是针对学生学习结果的学业测评活动。学业测评是以一门学科的知识或教学内容为标准的测评方法，通过考试的方式评价一个人知识技能的掌握情况，以此来看教学和学习目标的达成度。各学科课程的学业考试是学业评价的一种最基础的方法。这一评价活动的实施是分学科进行的，是以学科教师为中心来组织的。

首先，各学科教师研读课程标准，结合学校教学实际制定出三级评价指标。然后，教师依据评价指标确定评价内容，包括知识范围、技能要点，形成评价标准。最后，教师制订与教学计划相匹配的评价方案。根据不同的评价方案，学业测评活动可以是期末的集体考试，也可以是多次完成的考评。

"实践性指标"的评价，采取的是成长档案的评价方法，是针对学生的学习过程的记录与评价。成长档案是对学生学习过程的记录，通过收集、积累有重要意义的学生作品制作而成。成长档案首先是一份对学习过程、创新实践的客观记录，它记录了学生参与选修课程、社团活动的出勤、投入、完成等情况。成长档案还是学生作品汇集地，是学生个性与才华的展示平台。收集的学生作品可以是教师指定的，也可以是学生自主选择的，可以是文字、图画、声音、影像等多种媒体的记录。教师会定期指导学生进行作品收集和情况记录，在期末还会组织学生对自己的成长档案进行反思。

成长档案的评价是在学生真实自然的学习生活中进行的，它不仅让学生发现自己的不足，还为他们提供表现自己长处的机会，让学生有意识地反思自己的学习过程，展示自己的作品，进而更好地理解学习、认识自己。这一评价活动的实施是以班主任为中心来组织的，在统一的框架下，给个性发展留有充足的空间。

"发展性指标"的评价，采取的是讨论会的方法，是促进学生自我认识和全面发展，进行激励与引导的教育活动。讨论会是学生、教师、家长一起合作、共同参与的重要教育活动。讨论会的目的是通过对话，使得学生、教师、家长形成对学生成长的共同认识，找到进一步发展的方向与方法。在讨论会上，学生可以为教师、家长展示自己一学年以来的学习成果；教师可以通过提问，如"为什么选择这个作品"，引发学生的深入思考；家长可以肯定孩子的进步，和孩子探讨进一步努力的方向。讨论会是一个聚焦成长、加深认识的过程，是一个打破边界、全面融合的认识过程，是一个三方互动、共同成长的过程。

参考文献

［1］北京大学附属小学数学课程组. 研数思形 启智通慧——北大附小"生长的数学"课程的建构和实施［M］. 北京：北京大学出版社，2015.

［2］北京大学附属小学英语课程组. 卓·悦英语："玩"出最好的课堂［M］. 北京：北京大学出版社，2015.

［3］北京大学附属小学语文课程组. 润泽心灵的"博雅语文"——北大附小"博雅语文"课程的建构和实施［M］. 北京：北京大学出版社，2015.

［4］蔡建国. 蔡元培先生纪念集［M］. 北京：中华书局，1984.

［5］蔡尚思. 蔡元培学术思想传记［M］. 上海：棠棣出版社，1950.

［6］蔡元培. 蔡孑民先生言行录［M］. 长沙：岳麓书社，2010.

［7］蔡元培. 蔡孑民在爱国女学校之演说词［J］. 环球，1917（1）.

［8］蔡元培. 蔡先生湖南第五次演讲：美术与科学的关系［J］. 北京大学日刊，1921（813）：4.

［9］蔡元培. 蔡元培教育论著选［M］. 北京：人民教育出版社，1991.

［10］蔡元培. 蔡元培美学文选［M］. 北京：北京大学出版社，1983.

［11］蔡元培. 对于新教育之意见［J］. 教育杂志，1912（11）.

［12］蔡元培. 蔡元培全集（第六卷）［M］. 杭州：浙江教育出版社，1997.

［13］蔡元培. 教育部总长蔡元培对于新教育之意见［J］. 中华教育界，1912（2）.

［14］蔡元培. 美育人生［M］. 南京：江苏文艺出版社，2011.

［15］蔡元培. 我在北京大学的经历［J］. 美文：少年散文，2011（9）.

［16］蔡元培. 中国伦理学史［M］. 北京：中华书局，2014.

[17] 蔡元培研究会. 蔡元培与现代中国 [M]. 北京：北京大学出版社，2010.

[18] 曾繁仁. 美育十五讲 [M]. 北京：北京大学出版社，2012.

[19] 曾繁仁. 中西交流对话中的审美与艺术教育 [M]. 济南：山东大学出版社，2003.

[20] 陈芳. 中华优秀传统文化为载体的学校美育实施：以长沙市岳麓区德润园小学为例 [J]. 教师，2020（6）.

[21] 陈军. 北大之父蔡元培 [M]. 北京：人民文学出版社，1999.

[22] 陈军华，李心. 创新型人才主体特质及培养环境设计 [J]. 科学管理研究，2013（4）.

[23] 陈平原，郑勇. 追忆蔡元培 [M]. 北京：中国广播电视出版社，1997.

[24] 杜卫. 当代中国美育问题 [M]. 济南：山东文艺出版社，2008.

[25] 杜卫. 美育论 [M]. 北京：教育科学出版社，2000.

[26] 福州第四中学. 艺术美·课程美·德育美·文化美：普通高中实施"大美育"的实践探索 [J]. 福建基础教育研究，2017（10）.

[27] 甘秋玲，白新文，刘坚，等. 创新素养：21世纪核心素养5C模型之三 [J]. 华东师范大学学报：教育科学版，2020（2）.

[28] 高平叔. 蔡元培教育文选 [M]. 北京：人民教育出版社，1980.

[29] 高平叔. 蔡元培美育论集 [M]. 长沙：湖南教育出版社，1987.

[30] 高平叔. 蔡元培全集（第四卷）[M]. 北京：中华书局，1984.

[31] 顾明远. 挑战与应答：世纪之交的中国教育变革 [M]. 福州：福建教育出版社，2001.

[32] 郭勇. 蔡元培美育思想研究 [M]. 武汉：华中师范大学出版社，2011.

[33] 韩葵葵，胡卫平. 国外青少年科技创新素质的培养模式及启示 [J]. 教育理论与实践，2015（28）.

[34] 黄志强，黄梓萱，黄柠. 走以美育人之路 促学生快乐成长——以泉州师范学

院附属小学为例［J］．福建基础教育研究，2017（3）．

［35］蒋冰海．美育学导论［M］．上海：上海人民出版社，1990．

［36］金林祥．蔡元培教育思想研究［M］．沈阳：辽宁教育出版社，1994．

［37］金林祥．思想自由 兼容并包——北京大学校长蔡元培［M］．济南：山东教育出版社，2004．

［38］金雅，聂振斌．人生论美学与中华美学传统［M］．北京：中国言实出版社，2015．

［39］梁启超．趣味教育与教育趣味［J］．新课程教学：电子版，2016（11）．

［40］梁拴荣，贾宏燕．创新型人才概念内涵新探［J］．生产力研究，2011（10）．

［41］梁柱．蔡元培与北京大学：修订本［M］．北京：北京大学出版社，1996．

［42］林崇德，胡卫平．创造性人才的成长规律和培养模式［J］．北京师范大学学报：社会科学版，2012（1）．

［43］林崇德，罗良．建设创新型国家与创新型人才的培养［J］．北京师范大学学报：社会科学版，2007（1）．

［44］林崇德．创造性人才特征与教育模式再构［J］．中国教育学刊，2010（6）．

［45］刘梦溪．中国现代学术经典：蔡元培卷［M］．石家庄：河北教育出版社，1996．

［46］刘小枫．现代性社会理论绪论：现代性与现代中国［M］．上海：上海三联书店，1998．

［47］卢善庆．简论蔡元培的美育思想［J］．厦门大学学报：哲学社会科学版，1980（3）．

［48］鲁迅．鲁迅全集（第一卷）［M］．北京：人民文学出版社，1981．

［49］马维林．高中历史教学的美育渗透策略［J］．教育理论与实践，2017（2）．

［50］马征．教育之梦：蔡元培传［M］．成都：四川人民出版社，1995．

［51］孟东方．新时代中国人才强国战略论纲［J］．改革，2018（9）．

［52］聂振斌．蔡元培及其美学思想［M］．天津：天津人民出版社，1984．

[53] 聂振斌. 蔡元培美学思想研究［M］. 北京：商务印书馆，2012.

[54] 聂振斌. 蔡元培文选［M］. 天津：百花文艺出版社，2006.

[55] 聂振斌. 中国现代美学名家文丛：王国维卷［M］. 杭州：浙江大学出版社，2009.

[56] 欧阳哲生. 中国近代思想家文库：蔡元培卷［M］. 北京：中国人民大学出版社，2014.

[57] 冉祥华. 美育的当代发展［M］. 北京：新华出版社，2008.

[58] 沈善洪. 蔡元培选集（下卷）［M］. 杭州：浙江教育出版社，1993.

[59] 唐钺，朱经农，高觉敷. 教育大辞书［M］. 上海：商务印书馆，1930.

[60] 唐弘容. 奠基儿童美人生——川剧进校园、进课程、进课堂的学校美育实践探索［J］. 教育科学论坛，2016（17）.

[61] 唐振常. 蔡元培传［M］. 上海：上海人民出版社，1985.

[62] 王世儒. 蔡元培年谱新编（插图版）［M］. 北京：北京大学出版社，2019.

[63] 王福阳. 蔡元培教育思想之于我省美育实践的启示［J］. 福建教育，2019（1）.

[64] 王桂亮，韩志亮，姚明华. 中小学课程开发与创新精神培养［J］. 教育研究，2014（9）.

[65] 王书友，陶丕春. 学校"美育党建"的实践——以山东省胶州市三里河小学为例［J］. 现代教育，2019（9）.

[66] 王一川. 美育树信仰——互联网时代大学美育的目标［J］. 美育学刊，2018（5）.

[67] 魏发辰，颜吾佴. 创新型人才的能力构成及其修炼［J］. 北京交通大学学报：社会科学版，2008（1）.

[68] 吴家莹. 跟蔡元培学当校长［M］. 北京：首都师范大学出版社，2010.

[69] 吴晓宇. 论美育在小学教育中的实践——以连南地区为例［J］. 艺术品鉴，2019（5）.

[70] 吴泽泉. 从"教育"到"美育"——20世纪初"美育"概念的一条重要演进路径 [J]. 中国文学批评, 2020 (4).

[71] 吴志翔. 20世纪的中国美学 [M]. 武汉：武汉大学出版社, 2009.

[72] 席勒. 美育书简 [M]. 北京：中国文联出版公司, 1984.

[73] 徐楠. 新课程背景下论初中化学实验中的美育与实践 [D]. 长沙：湖南师范大学硕士学位论文, 2012.

[74] 许庆朴, 等. 马克思主义原著选读 [M]. 北京：高等教育出版社, 1999.

[75] 鄢晓. 创新型人才培养研究综述及展望 [J]. 现代教育管理, 2013 (2).

[76] 杨嘉晨, 李庆本. 中国美育研究2018年度报告 [J]. 美育学刊, 2019 (1).

[77] 杨培明. 让教育走向美学境界：一所普通高中美育实践的破冰之旅 [J]. 未来教育家, 2019 (7).

[78] 姚淦铭, 王燕. 王国维文集（第三卷）[M]. 北京：中国文史出版社, 1997.

[79] 姚跃林. 审美追求：学校教育的责任——扎根中国大地办教育的学校美育实践 [J]. 福建教育, 2019 (6).

[80] 尹超. 隐形的翅膀（第二辑）——讲述北大附小的故事 [M]. 北京：北京大学出版社, 2012.

[81] 尹超. 绽放和谐快乐之光——北京大学附属小学教育创新研究 [M]. 北京：教育科学出版社, 2010.

[82] 尹超. 走向生命发展的课程创生——北京大学附属小学课程建设与学校发展研究 [M]. 北京：教育科学出版社, 2015.

[83] 张华. "互联网+"教育背景下的小学美育策略 [J]. 天津教育, 2019 (25).

[84] 张勤. 国民教育新视野：蔡元培教育思想研究 [M]. 长春：吉林人民出版社, 2006.

[85] 张琼芳, 朱明源. 中华优秀传统文化视域下的学校美育实践 [J]. 湖南教育：D版, 2020 (12).

［86］张晓唯. 蔡元培评传［M］. 南昌：百花洲文艺出版社，2010.

［87］赵传江. 创新型人才的个性特点探析［J］. 教育理论与实践，2002（9）.

［88］赵伶俐，汪洪. 百年中国美育［M］. 北京：高等教育出版社，2006.

［89］赵伶俐. 互联网＋大美育：构建更美好的数字化平台［J］. 中小学数字化教学，2018（6）.

［90］钟秉林. 国际视野中的创新型人才培养［J］. 中国高等教育，2007（3）.

［91］周松峰，房磊. 高校体育教学中的美育渗透［J］. 中国大学教学，2011（7）.

［92］周天度. 蔡元培传［M］. 北京：人民出版社，1984.

［93］Jeffrey B, Woods P. The Creative School: A Framework for Success, Quality and Effectiveness［M］. London: Taylor&Francis Classics, 2003.

［94］Kaufman J C, Sternberg R J. The Cambridge Handbook of Creativity［M］. Cambridge: Cambridge University Press, 2010.

［95］Kupers E, Lehmann-Wermser A, Mcpherson G, et al. Children's Creativity: A Theoretical Framework and Systematic Review［J］. Review of Educational Research, 2019（1）.

［96］Tan A G. Creativity：A Handbook for Teachers［M］. Singapore: World Scientific, 2007.